미친 효율로 합격하는 최고의 공부 전략법

국내 최고 로펌 출신
변리사가 공개하는 합격의 비법

미친 효율로
합격하는
최고의 공부 전략법

손민규 지음

Booksgo

모든 노력이
빛을 발할 수 있도록

학창 시절을 돌이켜 보면 부모님의 등쌀에 못 이겨 누구를 위한 공부인지도 모른 채 떠밀리듯 공부했습니다. 억지로 하는 공부였기에 공부하는 법도 당연히 몰랐습니다. 왜 좋은 대학에 가야 하는지 당위성도 모르고 그저 누군가의 만족을 위해 공부했습니다.

고등학교 2학년 여름방학 때 학군이 좋다는 곳으로 전학을 가게 되었고 우여곡절 끝에 대학교에 입학했습니다. 대학에 입학하고 족쇄가 풀리니 왜 공부해야 하는지 자연스레 고민을 하게 되었고, 비로소 누군가의 만족이 아닌 오로지 나를 위한 공부를 시작할 수 있었습니다.

그렇게 20대가 돼서야 공부해야 하는 목적을 찾았습니다. 공부를 잘하기 위해 수많은 시행착오를 겪었고, 그 시행착오는 스물다섯 살이 되어서야 끝날 수 있었습니다.

학창 시절에는 "열심히 공부해라", "좋은 대학에 가야 성공한다"는 말만 들었지 공부를 어떻게 잘해야 하는지 가르쳐 준 사람은 없었습니다. 대신 스스로 공부법에 많은 도전을 했습니다. 이런 경험이 있었기에 공부를 해야 하거나 벼랑 끝에 서 있는 사람들, 공부를 어쩔 수 없이 하는 사람들 또는 공부를 잘하고 싶은 사람들이 갖고 있는 고민을 해결해 드리고 싶습니다. 공부를 잘할 수 있는 방법을 전달해 많은 사람의 잠재력을 끌어내고 싶습니다.

나중에 자식들이 이 책만 보고도 큰 어려움 없이 이해하고 공부할 수 있도록 만들겠다는 마음으로 책을 집필했습니다. 이 책이 공부로 힘들어하는 모든 수험생에게 진심으로 도움이 되었으면 합니다.

손민규

‖ 차례 ‖

PART 2
항아리 공부법 : 정답이 넘실대는 이유

PART 4
슬럼프 : 누구에게나 오는 시련

PART 1

메타인지

: 내가 시험을 합격할 확률

01

메타인지,
그렇게 중요할까

'메타인지'라는 말을 들어봤나요? 메타인지의 정의는 '자신이 아는 것과 모르는 것을 자각하고 스스로 문제점을 찾아내 해결하며 자신의 학습 과정을 조절할 줄 아는 지능'을 말합니다.

공부에서의 메타인지는 특정 시점에서 '나는 지금 이 시험에 합격할 수 있는가?'라고 자문해 보고 '아니요'라는 결론이 나온다면 '어떻게 해야 합격할 수 있는가?', '어느 부분을 보완해야 합격할 수 있는가?' 등의 자문을 통해 그 답을 찾는 것입니다. 시험에 합격하기 위해 필요한 요소들을 스스로 계속해서 점검하면서 자신의 상황을 객관적으로 보는 능력이라고 볼 수 있습니다.

메타인지는 우리가 생각하는 것보다 아주 중요한 의미를 가집니다. **메타인지가 좋은 사람은 자신의 부족한 부분이나 단점을 파악하고 그 부분을 채워 점수 상승에 '직결'되는 공부를 합니다.** 반대로 메타인지를 파악하지 못하고 공부하는 사람은 상황에 대한 인지가 없어 그저 목적 없이 막연하게, 순서 없이, 중요도에 따른 차등도 없이 공부합니다. 이렇게 하면 **시간은 시간대로 쓰지만 점수는 오르지 않습니다.** 극단적으로 말하면 '시간 낭비'인 것입니다. 이 격차가 쌓이고 쌓이면 당연히 메타인지가 좋은 사람이 공부에서 훨씬 좋은 성과를 낼 것입니다.

학창 시절에 수업도 집중해서 듣고 쉬는 시간에도 열심히 공부하지만 성적은 좋지 않은 친구들을 본 적이 있을 겁니다. 이 유형은 메타인지에 대한 인식이 제대로 되어 있지 않아 성적이 나오지 않는 경우일 수 있습니다.

메타인지 과목별 사례

❶ 국어

A는 국어 과목에서 문법 문제는 잘 맞히지만 독해 문제에서는 항상 틀립니다. 처음에는 단순히 독해 문제를 많이 풀며 감각을 익히려 했지만, 그 전에 메타인지가 높은 A는 스스로에게 질문을 던졌습니다.

"왜 독해 문제를 자주 틀릴까?"

"문제를 풀 때 내가 어떤 사고 과정을 거쳤지?"

"이 문제에서 틀린 이유는 내용을 이해하지 못했기 때문일까, 아니면 문제를 푸는 방식 자체가 잘못되었기 때문일까?"

분석을 통해 A는 주어진 지문을 너무 빠르게 훑어 세부 정보를 놓쳤기에, 선지에서 함정을 걸러내는 훈련이 부족했음을 깨달았습니다.

A는 이런 약점을 보완하기 위해 기출문제를 다시 풀면서 정답과 오답의 차이를 분석해야겠다고 생각했습니다. 문제를 풀 때는 자신이 선택한 답이 왜 정답이고 오답인지 설명하는 '오답 노트'를 작성했고, 이 공부법으로 각 문제를 논리적으로 설명하게 되어 더 이상 선지의 함정에 걸리지 않게 되었습니다.

결과적으로 A는 기존에 단순히 문제를 많이 푸는 방식에서 벗어나, 독해력을 근본적으로 개선하며 점수를 끌어올릴 수 있게 된 것입니다.

❷ 영어

B는 하루에 50개의 영어 단어를 외우며 영어 공부를 성실하게 하고 있습니다. 하지만 막상 모의고사를 보니 단어의 뜻이 기억나지 않아 지문의 맥락을 정확히 이해하지 못해 안 좋은 점수를 받게 되었습니다.

B는 단순히 단어 암기량이 부족했다고 생각하고, 하루 암기 목표를 100개로 늘리기로 했습니다. 그러나 시간이 지나도 성적은 오르지 않았고, 오히려 계속 낮은 점수를 받게 됩니다. 여기서 만약 B가 메타인지를 활용했다면 다음과 같이 접근했을 겁니다.

"외웠던 단어가 왜 시험에서 바로 떠오르지 않았을까?"

"단어를 외울 때 예문을 보지 않고 오로지 단어만 암기해서 일까?"

"시험에서는 단어 자체보다 그 단어의 뉘앙스나 문장 속 의미가 중요하지 않을까?"

B가 단어를 암기할 때 예문을 통해서 문맥 속 의미를 확인하는 공부법을 추가하고, 외운 단어를 활용해 스스로 문장을 만들어 보는 연습을 진행한다면 큰 성과를 얻을 수 있습니다.

❸ 수학

C는 수학 과목에서 함수 그래프 문제는 잘 풀지만, 확률 문제에서만 오답이 많이 나옵니다. 이에 C는 메타인지를 사용해 다음과 같이 접근합니다.

"왜 확률 문제를 틀렸을까?"

"확률 개념을 잘못 이해하고 있는 걸까 아니면 풀이 과정을 중간에 놓친 걸까?"

"어떤 부분에서 시간을 낭비하고 있을까?"

분석을 통해 C는 확률의 기본 개념에 대한 이해가 부족했고, 문제를 처음부터 끝까지 풀지 않은 채 답을 추측하려다 오답이 나온다는 사실을 깨달았습니다.

그 후, C가 확률의 기본 원리를 다시 학습하며 개념 정리를 정리했고, 기출문제를 풀면서 풀이 과정을 단계별로 나눈 다음 노트에 기록해 자신의 실수를 시각적으로 확인했습니다. 추가적으로 풀이 제한 시간을 설정해 시간

관리 연습을 병행하여, 결국 확률 문제의 정답률은 올라갔습니다.

❹ 한국사

D는 한국사 과목에서 삼국시대 부분은 점수를 잘 받았지만, 근현대사에서는 점수가 낮았습니다. D는 메타인지를 사용해 스스로의 상태를 다음과 같이 점검해 볼 수 있었습니다.

"삼국시대는 공부를 많이 했지만, 조선시대 이후부터는 공부를 많이 하지 않았어"
"삼국시대는 복습을 많이 해서 실수가 적었지만, 조선시대 이후부터는 복습이 부족했던 것 같아"

D는 조선시대 이후를 학습해 공부 범위를 넓혔고, 기출문제 풀이와 개념 정리를 병행해 조선시대 이후 부분의 점수를 끌어올렸습니다. 메타인지를 통해 공부를 단순히 '열심히' 하는 것에서 벗어나, 효율적이고 전략적으로 방향을 잡은 것입니다.

자신의 부족한 점을 스스로 인지하고 이를 보완하기 위한 실행 계획을 세우는 것이 메타인지의 핵심입니다. **메타인지가 높은 수험생은 공부의 우선순위를 정확히 설정하고, 약점을 보완하며 점수 상승에 직결되는 학습법을 실행합니다.** 이는 단기적으로 성적 향상뿐만 아니라, 장기적으로 더 나은 학습 능력을 만들어 낼 수 있습니다.

저는 학창 시절에 메타인지라는 개념조차 몰랐습니다. 그저 공부를 열심히 하면 결과가 따라올 것이라고 생각하며 무작정 책상에 앉아 시간을 보내기 일쑤였고, 결과는 기대에 미치지 못했습니다. 특히 고등학교 시절, 영어나 수학 문제를 아무리 열심히 풀어도 성적이 오르지 않아 좌절했던 기억이 있습니다.

문제의 원인은 명확했습니다. 내가 무엇을 알고 무엇을 모르는지 제대로 파악하지 못한 채, 단순히 많은 문제를 푸는 데 집중하고 있었던 것입니다.

이러한 시행착오를 많이 겪었기에 대학교 시절에 공부를 하며, 스스로에게 질문을 던졌습니다. "이 문제를 왜 틀렸을까?", "이 문제를 푸는 나의 사고 과정은 어떤 흐름이었을까?", "나는 어떤 부분에서 시간이 오래 걸리는 걸까?" 이러한 질문을 통해 공부 패턴의 허점을 발견하게 되었습니다.

예를 들어, 역학 문제에서 오답이 자주 발생했던 이유는 기본 공식 자체가 암기되어 있지 않았던 것입니다. 암기해야 할 내용을 확실히 암기하고, 풀이 과정을 단계별로 노트에 기록하며 실수를 분석했습니다. 이런 과정을 거치면서 결국 성적은 눈에 띄게 향상되었습니다.

아무리 공부해도 실력이 늘지 않고 있다면 메타인지를 활용해 자신이 어떻게 공부하고 있는지 천천히 점검해 보세요. 분명 그 이유는 있을 것이고, 그 이유만 찾는다면 성적은 저절로 올라가게 될 것입니다.

 Key Point

메타인지는 자신의 부족한 점을 인지하고 보완하여 효율적이고 전략적인 학습을 통해 점수 상승과 장기적인 학습 능력 향상을 이루는 핵심 능력입니다.

메타인지

- 메타인지는 자신이 아는 것과 모르는 것을 자각하고 스스로 문제점을 찾아내 해결하며 자신의 학습 과정을 조절할 줄 아는 지능을 말한다.
- 시험에 합격하기 위해 필요한 요소들을 스스로 점검해야 한다.
- 자신의 상황을 객관적으로 보는 능력을 키워야 한다.
- 메타인지를 키워 자신의 부족한 부분이나 단점을 파악하여 그 부분을 채워야 한다.

02

이 시험을
왜 준비해야 할까

동기부여는 내가 이 시험을 왜 준비해야 하는가에 대한 당위성을 의미합니다. 시험에 대한 입문을 고민하고 있다면 합격 후의 온갖 단점과 합격자들의 회의에도 불구하고 '내가 정말로 합격하고 싶어서 공부하는 것인가', '정말 간절한가 아니면 마땅히 할 게 없어서 시작하는 것인가', '시험 공부를 억지로 하는 것은 아닌가' 등에 대해 한 번쯤 고민해 보아야 합니다.

이러한 고민에 확신이 없다면 시험 입문 시에는 당장 큰 문제가 되지 않더라도 수험기간이 지속될수록 '내가 시간 낭비를 하는 게 아닐까', '시험에 합격해도 큰 의미가 있을까', '붙어도 이런 점이 별로라는데 굳이 이렇게까지 힘들게 공부해야 할까' 등 온갖 생각이 들게 됩니다.

변리사 시험을 준비할 때는 "변리사는 이제 끝물이야", "로스쿨이 답이지", "붙어도 업계 상황이 너무 암울해" 등의 수많은 안 좋은 얘기와 소문을 들었습니다.

9급 공무원 시험을 준비하는 수험생 중에서도 7급 공무원 시험에 미련이 있는 수험생도 많을 겁니다. TV 프로그램에서는 명문대 출신임에도 9급을 준비하고 있어 회의감이 든다고 밝힌 분이 나오기도 했습니다.

우리는 인생에 있어 꽤 많은 부분을 포기하고 시험판에 뛰어듭니다. 시험판에 뛰어든 그 순간부터 합격만을 바라보고 열심히 공부한다 해도 합격이 될까 말까입니다. 그런데 수많은 유혹과 소문에 흔들린다면 시험 준비에 당연히 악영향이 끼치겠죠.

진정으로 내가 원하는 것인가에 대한 고민이 먼저 결정되지 않으면 시험판에 이미 지고 들어간다고 볼 수 있습니다. 토익이나 한국사 등의 자격 시험은 좋게 생각해서 없으면 그만일 수도 있지만 소위 공무원 시험, 전문직 시험 등은 합격하지 못한다면, 중도 포기하는 순간 공부에 들인 시간은 사실상 무용지물이 됩니다.

물론 시험을 준비하면서 끈기나 자아 성찰 등의 경험을 얻을 수는 있지만 그런 경험은 굳이 시험에 진입하면서까지 할 필요는 없습니다. 다른 곳에서 돈을 벌면서 그런 경험을 충분히 할 수 있으니까요.

그러니 확고한 동기는 긴 수험기간을 버틸 수 있는 원동력이 됩니다.

 Key Point

확고한 동기부여는 긴 수험기간 동안 흔들리지 않고 끝까지 버틸 수 있는 원동력입니다.

동기부여보다는
마인드셋이다

확고한 동기는 수험기간을 버틸 힘을 제공합니다. 하지만 우리는 사람인지라 굳은 결심과 다짐도 며칠이 지나면 희미해지고 열정도 금방 사그라들곤 합니다. 항상 동기만으로 응원을 하며 공부할 수는 없는 노릇입니다.

사실 수험생에게 동기부여보다 더 우선시되어야 하는 마인드셋은 "그냥 해라"입니다. 시험에 입문하는 수험생이 정말 많이 듣고, 많이 하는 말이 "1~2년은 죽었다 생각하고 해라", "죽어라 공부해야 합격한다"와 같은 '죽음'을 불사하겠다는 무서운 말들입니다. 수험생이 되었다고 눈

23

썸이나 머리를 빡빡 깎는 사람도 있습니다. 하지만 죽었다 생각하고 미친듯이 불태워도 그 불태움은 일주일 아니, 반나절도 못 갈 수도 있습니다. 물론 수험기간 내내 죽어라 하는 수험생도 꽤 봐왔습니다만 평범한 사람이라면 죽어라 하는 기간은 그리 길지 않습니다.

활활 타오르는 장작이 되지 마시고 불을 머금되 은은하게 오랫동안 지속되는 장작이 되기를 바랍니다. 불이 강하면 그만큼 빠르게 전소됩니다. **그저 하루하루 묵묵하게 걸어 나가길 바랍니다. 묵묵한 한 걸음들이 모이고 모여 나만의 수험생활이 됩니다.**

하루하루 묵묵하게 걸어 나가는 것도 쉽지 않습니다. 묵묵하게 걸어 나가도 번아웃이 올 수도 있고 슬럼프가 올 수도 있습니다.

공부는 전쟁에 나가는 것처럼 굳센 마음과 비장한 각오를 갖고 하는 게 아닙니다. 그냥 하는 것이 공부입니다. 굳은 결심을 하고 공부하다가 그 결심이 며칠 가지도 못하는 자신을 발견하면 자책하고 실망하는데, 그럴 필요도 없고 그래서도 안 됩니다. 하루하루 묵묵하게 걸어가야 합니다. 꾸준한 자를 이길 수는 없습니다. 공부를 죽었다 생각하고 열심히 해야 하는 대상으로 생각해 왔다면 공부에 대한 관점을 조금만 바꿔 보길 바랍니다.

항상 나의 위치와 수준을 파악하고 공부가 잘 진행되고 있는지 끊임없이 고민하고 성찰해야 합니다. '지금 이 상황에서 나에게 필요한 것은 무엇일까', '나에게 부족한 부분은 어디일까', '무엇을 해야 점수가 오를 수 있을까', '지금 내가 하고 행위의 목적은 무엇일까', '나는 지금 올바른 방향으로 나아가고 있는가' 항상 스스로 물어보고 답하면서 점수 상승에 직결되는 공부를 해야 합니다. 그래야 시간 낭비 없이 공부에 시간을 투자하는 족족 점수가 상승하게 됩니다. 하루 5~10분만 이러한 고민과 자문자답을 갖는 것만으로도 공부의 방향성은 훨씬 더 올바른 방향으로 갈 것입니다.

> ### ✔ Key Point
> 공부는 굳센 결심이나 강렬한 동기만으로 이루어지는 것이 아닙니다. 하루하루 묵묵히 나아가며 자신의 위치와 부족한 점을 파악해 점수 상승에 직결되는 방향으로 꾸준히 이어가는 과정입니다.

장수생이
되고 싶은 사람은 없다

장수생이 되지 않는 법을 제대로 알아야 우리는 장수생이 되지 않습니다. 장수생의 유형은 기초를 쌓지 않고 크게 중요하지 않은 부분이나 어려운 부분에 비중을 크게 두는 유형, 아웃풋 없이 회독만 하는 이른바 눈으로만 보는 쉬운 공부만 하는 유형, 모의고사 후 피드백이 정확하게 이루어지지 않은 유형 등 여러 가지 유형이 있습니다.

장수생 유형의 공통점은 공부에 투자하는 시간 대비 점수 상승에 크게 직결되지 않는다는 점입니다. 실력이 뛰어난 것과 합격 가능성이 높은 것은 별개의 얘기입니다. 실력은 뛰어난데 계속 합격을 못한다는 것은 다른 요소가 작용해서 그럴 수도 있지만 점수 상승에 직결되는 공부를 하지 않아서일 수도 있습니다.

장수생 유형에 대해 좀 더 깊이 알아보되, 공부의 양이 현저하게 부족하거나 성실한 수험생활을 보내지 않는 유형은 제외하겠습니다.

논문을 열심히 공부하는 유형

논문을 보는 이유로는 이해도를 높이기 위해, 답안지를 풍부하게 적기 위해, 기본서에 없는 내용을 습득하여 혹시 모를 '짱돌' 문제(절대적으로 난이도가 높은 문제)를 대비함으로써 남들보다 비교우위를 점하기 위해, 나는 논문까지 봤다는 심리적인 안정감을 느끼기 위해 등이 있습니다.

하지만 시험에는 사실상 논문 수준으로 나오지 않을뿐더러 그렇게까지 어려운 문제가 출제되더라도 그 문제가 시험의 당락을 가르지는 않습니다.

물론 어려운 문제를 맞히면 답안지가 눈에 확 띄는 것은 사실이지만 나올 가능성이 극히 낮은 어려운 문제를 맞혀서 합격을 노리는 방법은 투자 대비 효율성이 극히 떨어집니다.

시험 범위에 관련한 논문을 보고 있는 와중에도 이해력이 낮아 해당 지식의 기억이 자꾸 사라질 수 있습니다. 시험 직전에는 반드시 시험에 필요한 지식들이 가득 채워져 있어야 합니다. 논문을 공부하는 것은 공부 범위를 늘리는 것이지만 그만큼 기억의 망각도 높아진다는 의미입니다.

시험에서 받을 점수는 확실히 받으면서 남들보다 조금 더 받는 정도면 합격에 큰 지장이 없습니다. 철저하게 기본에서 충실히 외워야 하며, 거기에 논점 누락이나 논점 이탈을 줄여 깔끔한 답안지를 써서 낸다면 합격에 부족함 없는 점수를 충분히 받을 수 있습니다.

어려운 부분만 열심히 공부하는 유형

시험에서 어려운 부분은 두 가지 유형으로 나눌 수 있습니다. 첫 번째 유형은 시험 범위를 넘어가는 내용이라서 어려운 부분입니다. 두 번째 유형은 시험 범위 내에서 난이도 자체가 절대적으로 높은 부분입니다. 첫 번째 유형은 논문과 같은 개념이므로 상기 내용을 참고하면 됩니다.

두 번째 유형은 어려운 부분을 너무 깊게 파거나 붙들고 있으면 좋지 않습니다. **이런 부분은 회독과 함께 암기를 반복하면 어려운 부분이 자연스레 습득되고 정리되면서 종국에는 나도 모르게 이해되는 경우가 대부분입니다.**

당장 이해가 안 된다고 붙들지 말고 뒤를 도모해도 된다는 의미입니다. 하지만 어느 정도 반복이 진행됐음에도 도저히 이해되지 않는 부분이 있다면 인터넷 강의나 다른 책 또는 강사에게 질문을 하여 반드시 내 것으로 만들어야 합니다. 이 부분이 내가 모르는 부분이자 취약한 부분이기 때문에 이 부분을 내 것으로 만든다면 바로 점수가 올라갈 것입니다.

우선순위 없이 공부하는 유형

시험 범위 내이긴 하지만 상대적으로 덜 중요하다고 여겨지는 부분 또는 아직 출제되지 않은 부분은 'C, D급'이라고 지칭합니다.

이 부분도 당연히 공부해야 하는 부분이지만 메이저 부분인 'A, B급'을 제쳐 두거나 우선순위 없이 A, B급과 동일한 비중으로 공부할 때 문제가 됩니다.

계속 강조하지만 내가 공부에 들이는 시간은 점수 상승에 직결되어야 합니다. **가능성이 높은 A, B급을 우선으로 공부해 확실하게 내 것으로 만들고, 그다음에 C, D급을 공부해야 점수가 향상됩니다.**

한때 아무리 내 것으로 만들었던 A, B급이라도 기억의 망각은 계속 일어나니 제때제때 복습하여 지속해서 내 것으로 만드는 작업이 필요합니다. '올해는 C급이 나올 차례가 됐다!' 하는 생각에 A, B급은 제쳐 두고 C급을 파는 것은 합격을 운에 바라는 것과 진배없습니다.

항상 지금 내 상황에서 점수가 오를 가능성이 가장 높은 공부가 무엇인지 파악해 우선순위를 두고 공부하길 바랍니다.

여러 권의 책을 가진 유형

기본서를 어느 정도 회독했다면 새로운 책을 사고 싶은 욕구가 생기기 마련입니다. 객관식 책도 한 권을 푼 것보다는 두세 권 정도는 풀어야 더 열심히 공부한 것 같고 심적인 안정감까지 가져다 줍니다.

하지만 점수 상승에 직결하는 공부는 내가 모르고 틀린 부분을 완전히 내 것으로 만드는 공부입니다. 공부가 어느 정도 진행이 됐다면 모르는 부분과 아는 부분 사이에 서서히 경계가 생기고 그때 우리는 모르는 부분을 내 것으로 만들어야 합니다.

새로운 책을 공부하는 것은 부족한 부분을 파악하기 위해 똑같은 작업을 반복하는 것일뿐더러 쓸데없이 공부 범위를 늘리는 것과 다름없습니다. 물론 첫 책을 완벽하게 마스터했다면야 새로운 책을 보는 것은 괜찮지만 첫 책에서 몰랐던 부분을 꾸준하게 복습하는 작업을 해야 합니다.

한 권으로는 정 내용이 부족하다는 생각이 들면 단권화를 하는 것을 추천합니다. 가장 좋은 것은 기본서 한 권으로도 시험을 준비하는 것이지만 시험의 종류에 따라 그렇지 않을 수도 있기 때문입니다.

장수생이 되지 않는 법

　장수생의 길에 벗어나기 위해 가장 중요한 것은 시간을 어떻게 사용할지에 대한 고민입니다. 시간은 누구에게나 평등하게 주어지지만, 그 시간을 사용하는 방식은 평등하지 않습니다.

　남들보다 더 많은 시간을 투자하지 않아도, 그 시간을 현명하게 사용한다면 충분히 단기간에 합격을 이뤄 낼 수 있습니다. 점수 상승에 직결되지 않는 공부를 피하고, 우선순위를 정해 기본에 충실한 공부를 하여 단기간에 합격하는 길로 나아갑시다.

> ✅ **Key Point**
> 범위를 늘리지 않으면서 반복 공부를 하여 부족한 부분을 보완하는 효율적인 공부 전략을 따라야 합니다.

05

성적이 오르지 않는 이유는
따로 있다

공부를 열심히 하고 있음에도 불구하고 성적이 오르지 않아 좌절한 적이 있나요? 아마도 많은 수험생이 이런 상황을 경험했을 것입니다. 이럴 때 우리는 흔히 '더 열심히 해야겠다'는 결론에 도달하지만, 문제의 본질을 제대로 파악하지 못하면 아무리 시간을 투자해도 원하는 결과를 얻기 어렵습니다.

왜 성적이 오르지 않을까요? 그 이유는 단순히 노력 부족이 아니라, 공부 방식과 접근법에 숨어 있을 가능성이 큽니다.

나에게 부족한 부분을 찾자

간단한 이야기지만 점수가 낮은 과목이 나에게 부족한 부분입니다. 이 경우 다른 과목의 점수를 유지하는 동시에 반드시 이 과목을 잡아야 합니다. 60점에서 80점으로 올리기 위한 공부의 양보다 80점에서 100점으로 올리기 위한 공부의 양이 훨씬 많고 점수를 올리기도 훨씬 어렵습니다. **시간은 한정적으로 주어지기 때문에 항상 우리는 나에게 부족한 부분을 채우는 효율적인 공부를 하며 합격을 향해 달려가야 합니다.**

내가 어려워하거나 공부하기 싫은 부분 또한 나에게 부족한 부분입니다. 어느 정도 공부가 된 수험생은 쉽다고 느껴지는 부분과 어렵다고 느껴지는 부분이 나뉘어 있을 것입니다. 합격하기 위해서는 어려운 부분을 반드시 잡아야 합니다.

따라서 어려운 부분을 피하지 말고 제일 먼저 공부해서 내 것으로 만든다는 마인드로 공부해야 합격 가능성이 높아집니다. 절대적으로 난이도가 높은 부분은 나뿐만 아니라 남들도 어려워합니다. **남들이 맞추는 부분은 같이 맞추고, 어려워하는 부분에서 남들보다 비교우위를 조금이라도 갖춘다면 합격권에 이를 수 있습니다.**

시험 범위의 뒷부분이 나에게 부족한 부분일 가능성이 있습니다.

고등학교 수학 과정을 예로 들면 앞부분인 지수나 로그는 익숙하지만, 뒷부분의 기억은 희미할 것입니다. 앞부분이 익숙한 이유는 절대적으로 난이도가 쉬워서일 수도 있지만, 교과서를 반복해서 학습하다 보면 순서상 앞부분의 회독이 뒷부분보다는 많을 수밖에 없고, 뒷부분의 이해를 위해 앞부분을 더 자주 보게 되기 때문에 투자하는 시간이 뒷부분보다는 앞부분이 절대적으로 많을 수밖에 없습니다.

우리는 쉽게 뒷부분에 취약해질 수 있기 때문에 내가 뒷부분에 소홀하지는 않았는지 점검해 보아야 합니다.

아무런 고민 없이 시험에 뛰어들지 말자

많은 수험생이 시험의 난이도나 본인과의 적합성 등을 고려하지도 않은 채, 단순히 합격만을 바라며 구체적인 고민 없이 시험판에 뛰어듭니다. 하지만 시험판에 뛰어든다는 것은 자신의 인생에 있어 많은 것을 포기하고 큰 위험을 감수한다는 것을 의미하죠.

아무런 고민 없이 시험판에 뛰어드는 것은 무모합니다. 우리는 **우선 그 시험에 합격할 수 있어야 합니다. 합격할 수 없는 상황인데 시험판에 뛰어드는 것은 이득은커녕 손해만 보는 장사와 다름없습니다. 그렇기에 본격적인 시험 공부에 앞서 합격할 수 있는 시험인지 먼저 파악하는 것이 반드시 결정되어야 합니다.**

아무리 해도 합격할 수 없는 시험이라는 판단이 든다면 다른 시험을 준비하면 그만입니다. 합격할 수 없는 시험인데 붙잡고 있다면 그것은 시간과 에너지를 낭비하는 길로 이어집니다.

> ## ✔ Key Point
>
> 성적이 오르지 않는 이유는 단순하게 노력이 부족했던 것이 아닙니다. 부족한 부분을 파악하지 못했거나 비효율적인 공부 방식 때문입니다. 어려운 부분을 먼저 보완하고 시험의 적합성과 가능성을 냉철하게 판단하는 것이 성과를 내는 핵심입니다.

06

시험은
계획적으로 결심하라

기출문제를 먼저 파악하자

시험을 보겠다고 결심했다면, 가장 먼저 해야 할 일은 기출문제를 파악하는 것입니다. 기출문제는 합격 여부를 미리 판단하기에 가장 적합한 자료입니다. 기출문제만큼 해당 시험의 유형과 난이도를 확인하고, 자신과 시험의 적합성을 판단할 수 있는 자료는 없기 때문입니다. 단, 내용은 아예 모르기 때문에 기출문제를 풀어 볼 필요는 없으며 기출문제를 보고 지레 겁먹을 필요도 없습니다. 우리는 기출문제를 통해 이 시험이 나에게 맞는지, 합격할 수 있는 시험인지에 대한 여부만 판단하면 됩니다.

우선 가장 기본적으로 시험의 유형을 파악해야 합니다. 보통 '객관식〈주관식〈논술형' 순으로 난이도가 올라갑니다.

시험 과목과 본인과의 적합성도 중요합니다. 누군가에게는 법 과목이 가장 어려울 수도 있고 누군가에게는 과학 과목이 가장 어려울 수도 있습니다. 나에게 유리한 과목이 많고 어려운 과목이 적을수록 합격의 가능성은 당연히 올라갈 수밖에 없습니다. 반대로, 어려운 과목이 많다면 공부 방법이나 시험 선택에 대한 재고가 필요할 수 있습니다.

변리사 1차 시험 '민법' 기출문제
2019년도 제56회 변리사 1차 2교시 A형 (18-6)

12. 조건과 기한에 관한 설명으로 옳지 않은 것은?

① 종기 있는 법률행위는 기한이 도래한 때로부터 그 효력을 잃는다.

② 기한의 이익은 이를 포기할 수 있지만, 상대방의 이익을 해하지 못한다.

③ 조건이 법률행위 당시 이미 성취한 것인 경우에는 그 조건이 해제조건이면 그 법률행위는 조건 없는 법률행위로 한다.

④ 조선 있는 법률행위의 당사자는 조건의 성부가 미정인 동안에 조건의 성취로 인하여 생길 상대방의 이익을 해하지 못한다.

⑤ 조건의 성취로 인하여 불이익을 받을 당사자가 신의성실에 반하여

조건의 성취를 방해한 때에는 상대방은 그 조건이 성취한 것으로 주장할 수 있다.

13. 乙은 2005.1.10. 甲 소유의 X토지를 매수하고 대금을 지급한 후 X토지를 인도 받았으나 소유권이전등기는 마치지 않았다. 乙은 2015.12.31. X토지를 다시 丙에게 매도하였고, 2019. 2. 16. 현재까지 丙 역시 미등기 상태로 X토지를 점유하고 있다. 이에 관한 설명으로 옳지 않은 것은? (다툼이 있으면 판례에 따름)

① 甲은 丙 에게 소유권에 기하여 X토지의 반환을 청구할 수 없다.

② 乙의 甲에 대한 소유권이전등기청구권의 소멸시효는 진행되지 않는다.

③ 丙은 乙의 甲에 대한 소유권이전등기청구권을 대위하여 행사할 수 있다.

④ 甲은 丙에 대해 불법점유를 이유로 임료 상당의 부득이득반환을 청구할 수 없다.

⑤ X토지를 제3자가 불법점유하고 있다면, 丙은 제3자에 대하여 소유권에 기한 물권적 청구권을 행사할 수 있다.

14. 물건의 소멸에 관한 설명으로 옳지 않은 것은? (다툼이 있으면 판례에 따름)

① 점유권은 혼동이나 소멸시효에 의해 소멸하지 않는다.

② 소유권은 소멸시효에 의해 소멸하지 않지만, 타인이 시효취득하면 상대적으로 소멸할 수 있다.

③ 전세권에 저당권이 설정된 경우, 전세목적물에 대한 소유권과 전세

권이 동일인에게 귀속되더라도 전세권은 혼동에 의해 소멸하지 않
는다.

④ 후순위 저당권이 있는 부동산의 소유권을 선순위 저당권자가 아무런
조건 없이 증여받아 취득한 경우, 혼동에 의해 저당권은 소멸한다.

⑤ 부동산공유자의 공유지분포기의 의사표시가 다른 공유자에게 도
달하더라도 그 공유지분이 바로 소멸하는 것은 아니고, 다른 공유
자는 자신에게 귀속될 공유지분에 관하여 소유권이전등기를 청구
할 수 있을 뿐이다.

변리사 2차 시험 '특허법' 기출문제
2024년도 제61회 변리사 2차 특허법 1교시 (9-5)

【문제-3】(30점)

I. 특허권자인 甲의 특허발명(X)는 '열 저장 팁을 구비한 디스펜서'에
관한 것이고 乙의 비교대상발명(Y)는 '튜브형 화장품 용기의 노즐
팁'에 관한 것이다.

II. 乙은 甲을 상대로 X는 기재불비사유가 있고 진보성이 부정되어 무
효가 되어야 한다고 주장하며 무효심판청구를 제기하였다. 위 심판
절차가 진행되던 중 甲은 X의 상세한 설명 부분을 정정하는 정정청
구를 다음과 같이 하였다.
"X의 특허청구범위등에는 열 저장 팁의 재질로서 금속 또는 세라믹
이 기재되어 있는데, 발명의 상세한 설명에는 열 저장 팁의 재질로

서 금속 또는 세라믹 뿐만 아니라, 고밀도 플라스틱, 복합물 등도 포함되는 것으로 기재되어 있다. 정정청구는 열 저장 팁의 재질로서 특허청구범위에 기재되어 있지 아니한 고밀도 플라스틱, 복합물 등을 발명의 상세한 설명에서 삭제하는 것을 내용으로 한다."

III.

1. X 중 '하우징에 결합되고, 금속 또는 세라믹을 포함하고, 제품을 표면에 인가(印加, 전원을 공급·연결하는 일)하기 위한 인가면을 구비하는 열 저장 팁'은 Y의 '튜브용기에 결합되고, 제품을 표면에 인가하기 위한 경사면을 구비하는 실리콘팁'에 대응하는데, 이들 구성은 열 저장 팁과 실리콘팁이 모두 하우징이나 튜브용기에 결합되고, 제품을 표면에 인가하기 위한 인가면을 구비하고 있다는 점에서는 동일하다. 그러나 X의 열 저장 팁은 금속 또는 세라믹을 포함하는 것임에 비하여, Y의 실리콘팁은 실리콘을 재질로 하는 것이라는 점에서 차이가 있다.

2. X는 피부에 온기 또는 냉기를 인가하여 통증이나 불편한 느낌을 완화할 수 있는 디스펜서를 제공하고자 하는 기술적 과제를 해결하기 위하여 열을 저장 및 전달할 수 있는 특성을 가진 금속 또는 세라믹 재질의 열 저장 팁을 그 해결수단으로 채택한 것이다. Y에는 이러한 기술적 과제 및 그 해결원리에 관한 기재나 암시가 없다.

3. Y는 입술에 립글로스를 바를 때 손가락으로 바르는 듯한 부드러운 느낌을 느낄 수 있도록 하는 것을 기술적 과제의 하나로 삼고 있는데, Y에서 실리콘팁의 재질을 피부에 이질감을 제공하는 금속 또는 세라

믹으로 변경하는 시도는 Y의 기술적 과제에 반하는 것이거나 Y 본래의 기술적 의미를 잃게 하는 것이 되어 쉽게 생각해내기 어렵다.

4. X는 금속 또는 세라믹 재질의 열 저장 팁에 관한 구성이 나머지 구성들과 유기적으로 결합함으로써 피부에 온기 또는 냉기를 인가하여 통증이나 불편한 느낌을 완화할 수 있게 되는 특유한 효과를 가지게 되는데, 이러한 효과는 Y로부터 예측하기 어렵다.

---

(1) '특허무효심판절차'에서 특허정정을 할 수 있게 하는 취지 및 허용 범위에 관하여 설명하시오. (9점)
(2) 특허 오류 정정 범위에 포함되는 사항에 대해서 설명하시오. (5점)
(3) 특허청구범위와 발명의 상세한 설명과의 관계를 설명하고 위의 II에 대해서 판단하시오. (8점)
(4) 본 사례와 관련된 진보성 유무 판단 방법에 관하여 설명하고 위의 III에 대해서 판단하시오. (8점)

기출문제 파악은 단순히 문제를 보는 것이 아닙니다. 시험에 대한 전반적인 그림을 이해하고 나에게 맞는지 확인하는 단계입니다. 이 과정을 통해 '내가 이 시험을 볼 준비가 되어 있는가'를 판단할 수 있습니다.

응시자 풀을 확인하자

✦

응시자 풀(Pool)이란 시험에 응시하는 지원자 집단을 뜻합니다. 응시자의 평균적인 학력, 출신 대학, 준비 수준 등이 포함된 개념을 말하죠. 시험의 난이도가 같더라도 응시자 풀의 수준이 높다면 합격 경쟁이 치열해지고, 반대로 수준이 낮다면 합격 가능성이 높아집니다. 예를 들어, 특정 대학에서 다수의 합격자가 나오거나 특정 집단의 응시 비율이 높으면 응시자 풀 수준을 가늠할 수 있습니다.

응시자 풀의 수준은 나의 합격 확률과 연관성이 있는 중요한 요소입니다. 현실적으로 응시자 풀의 수준을 확인할 수 있는 요소는 출신 대학, 최종 학력 이 두 가지밖에 없습니다. 시험에 따라서 어떤 학교는 1년에 수십 명의 합격자가 나오는데, 어떤 학교는 몇 년에 1명이 나오기도 합니다. 어떤 학교는 그 시험에 응시하지 않는 분위기가 형성되기도 하죠. 시험 자체의 난이도가 낮은 시험이라도 응시자 풀이 높으면 나의 합격 확률은 상대적으로 떨어질 수밖에 없으니 꼭 미리 응시자 풀의 평균적인 수준과 나의 수준을 비교해야 합니다.

합격률은 보통 시험 공식 홈페이지에 자료나 통계 게시판에 제공되어 있습니다. 시험의 양이 방대하고 내용이 어렵다고 하더라도 합격률이 높으면 어쨌든 동일한 조건에서 내가 합격할 수 있는 확률도 늘어나지만, 반대로 시험의 양이 상대적으로 적고 내용이 쉬워도 합격률이 낮으면 내가 합격할 수 있는 확률도 떨어집니다. 합격률이 낮은 시험이 가장 어려운 시험이라고 볼 수는 없지만, 입문을 고민하는 데 있어 고려해 볼 만한 요소입니다.

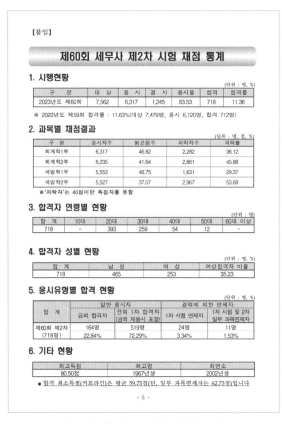

제60회 세무사 2차 시험 합격자 통계

혹은 대학교에 재학 중이거나 졸업한 대학교의 커뮤니티에서 응시하고 싶은 시험을 검색하고 질문하는 것도 좋습니다. 대학교 커뮤니티는 나와 학습 능력이 가장 비슷한 사람들이 많은 곳이므로 대학교 커뮤니티를 통해 해당 시험의 정보를 파악하는 것이 좋습니다.

합격까지 걸리는 평균 기간을 파악하자

합격자들의 수험기간도 입문 여부를 결정하는 데 있어 아주 중요한 사항이므로 미리 파악해 놓는 것이 중요합니다. 주의할 점은, 단기간에 시험을 붙은 사례도 볼 수 있겠지만, 그 기간을 목표로 잡는 것은 위험합니다. 운이 많이 작용하는 시험도 있을뿐더러, 단기간에 붙은 사람 중에는 정말 엄청난 스프린트(100m를 달릴 속도로 10㎞를 달린 경우)와 초월적인 힘을 발휘해서 붙은 경우일 수도 있습니다. 혹은 학습 능력이나 머리가 엄청나게 뛰어나서 일찍 붙은 것일 수도 있습니다. 물론 빨리 붙는 것을 목표로 하는 것도 좋지만 시험에 입문할 때 짧은 수험기간을 설정하는 것은 위험합니다.

'배수진을 치다'라는 말이 있는데, 이 말을 별로 좋아하지 않습니다. 저 같은 경우는 벼랑 끝에 서면 공부가 잘되는 것이 아니라 정신이 피폐해져서 불합격에 대한 불안감이 매우 커지기에 오히려 공부에 집중하기 힘들었습니다. 변리사는 보통 평균적으로 3년 걸린다고 알려져 있고 1년 이내의 기간으로 붙은 사람도 매년 나오지만 저는 변리사 시험에 진입할 때 5년을 보고 시작했습니다.

항상 올해 붙는 것을 목표로 공부했지만, 목표와는 별개로 잘 풀리지 않거나 시험 이외의 어떤 변수가 발생한다면 최악의 경우 5년이 걸릴 수도 있다고 생각하고 진입한 것입니다.

시험에 진입할 때 많은 분이 경제적인 사정이나 사기업 취직 여부 등과 관련해서 고민이 많을 텐데 합격자들의 평균 수험기간을 파악한 뒤에 심사숙고해서 진입했으면 합니다.

개인의 학습 능력을 파악하자

개인의 학습 능력에 대한 편차는 당연히 있을 수밖에 없습니다. 달리기를 처음 하는 초등학생들이 일렬로 출발선 앞에 서서 100m를 뛰면 제각기 기록이 다르듯이 학습 능력 또한 타고난 재능입니다. 그리고 그 학습 능력을 판단할 때 기준이 될 수 있는 요소로 출신 대학이 있습니다.

출신 대학이 좋다는 것은 여러 의미가 내포되어 있습니다. 놀고 싶고 유혹도 많은 질풍노도의 학창 시절에 절제하고 공부를 했다는 것이므로 의지력이 좋다고 볼 수 있으며 순공부시간(142쪽을 참고해 주세요)도 어느 정도 확보할 수 있는 능력이 있어 그로 인해 좋은 성과도 얻었다는 것을 의미합니다.

결국 공부를 잘한 경험이 있고 그로 인해 소정의 성과를 얻었으며, 공부에 있어 이미 여러 시행착오를 겪어봤기 때문에(물론 타고난 학습 능력으로 인해 안 겪어봤을 수도 있습니다) 공부의 방향성 또한 올바를 가능성이 높습니다.

하지만 좋은 대학 출신자가 대입 이후의 시험에서도 합격하리란 보장은 없습니다. 명문대 출신 중 변리사 1차에서 몇 년간 고배를 마신 사람도 많으며, 7급 공무원 시험이 어려워 9급 공무원 시험을 응시하는 사람도 많습니다. 반대로 고졸 출신이나 명문대 출신이 아니더라도 사법고시에 합격한 사람도 있습니다. 공부에 필요한 요소들을 파악하고 그 요소들을 하나씩 갖춰 나간다면 학벌을 무관하여 어느 시험이든 합격할 수 있다고 확신합니다.

다시 말해서, **학습 능력은 어느 정도 타고난 재능이고 출신 대학이 좋을수록 시험에 합격할 가능성은 높지만, 합격에 절대적인 것은 아닙니다.** 출신 대학이 좋다고 해서 자만하고 느슨해져서도 안 되며, 출신 대학이 비교적 좋지 않다고 해서 시험 입문 전부터 지레 겁먹고 위축될 필요도 없습니다.

합격 수기를 확인하자

✦

합격 수기를 통해 시험의 난이도나 공부의 방향성 등을 엿볼 수 있습니다. 또한 합격 수기는 합격자들의 피땀 어린 시간이 그대로 녹여져 있는 것이라서 합격하기까지의 과정이나 합격자들의 공부량 등을 파악할 수 있으며 자신도 시험에 합격할 때까지 합격자들의 이런 힘든 과정을 이겨 내고 견뎌 낼 수 있을지를 미리 판단해 볼 수 있습니다.

합격 수기는 공식 홈페이지나 학교 커뮤니티, 학원 홈페이지, 인터넷 서치 등 수단과 방법을 가리지 않고 모으면 됩니다. 공부하면서 합격 수기를 참고할 때가 종종 있으므로 매번 합격 수기를 검색하는 번거로움을 없애기 위해 따로 PDF로 만들어서 폴더에 저장하는 것을 추천합니다.

합격 수기는 입문 여부의 판단뿐만 아니라 수험생활에 있어 다음과 같이 중요한 의미도 가집니다.

공부법 참고

합격자가 100명이라면 그에 따른 공부법노 100개라는 말이 있습니다. 합격 수기에 있는 공부법을 100% 따라 할 필요는 없습니다. 공부법은 제각각이기 때문에 합격 수기를 따라가면 오히려 자신이 설정한 방향을 잃어버릴 수도 있습니다. 본인에게 맞는 것만 취한다는 마인드로 공부법의 영감이나 아이디어만 얻어가면 됩니다. 이 책 또한 그렇게 활용하면 됩니다.

공부 방향 점검

공부하다 보면 계획이나 진도 등과 관련해서 막힐 때가 있습니다. 이 과목은 어떻게 공부해야 할지, 이 시기에는 어떻게 공부해야 하는지, 이 책도 봐야 하는 것인지 등… 여러 의문이 들 때 합격 수기에서 그 답을 찾을 수도 있습니다. 합격 수기를 통해 나의 공부 방향을 점검할 수 있습니다.

동기부여 및 정신력 관리

공부가 안될 때, 동기부여가 필요할 때, 슬럼프가 올 때, 간간이 합격 수기를 보면 다시 한번 합격에 대한 의지를 다질 수도 있어 큰 도움이 됩니다.

저는 수험기간 중 종종 공부 방향을 잃어 막막함을 느끼곤 했습니다. 특히 시험 범위가 방대했던 변리사 시험을 준비할 때, '내가 잘하고 있는 걸까?', '지금 이 진도를 나가는 게 맞는 건가?'라는 의문이 자주 들었습니다. 그때마다 저는 합격 수기를 참고하며 공부 방향을 점검하곤 했습니다.

변리사 1차 시험을 보기 넉 달 전, 매일 우울감과 좌절감에 휩싸이는 시간을 보냈습니다. 기출문제를 풀어도 성적은 오르지 않았고, 쌓여 있는 공부량을 보면 숨이 막힐 정도로 압박감을 느꼈습니다. 이대로 가면 절대 합격하지 못할 것이라는 불안감에 하루하루 너무 힘들었습니다.

이때 의지했던 것이 바로 합격 수기였습니다. '다른 사람들도 이렇게 힘들었을까?'라는 의문을 가지고 다시 합격 수기를 읽기 시작했습

합격 수기를 모아둔 파일

니다. 그중 한 수험생이 시험 막바지에 겪었던 비슷한 슬럼프를 극복했던 경험이 큰 위로가 되었습니다. '이 사람도 이렇게 힘들었는데 나만 그런 게 아니구나'라는 생각에 불안감은 다소 해소되었고, '끝까지 해 보자'라는 마음이 들며 동기가 다시 생겼습니다.

> ### ✅ Key Point
> 합격 가능성을 높이기 위해서는 기출문제와 응시자 풀을 분석하고, 평균적인 수험기간과 개인 학습 능력을 파악해야 합니다. 합격 수기를 통해 공부 방향과 동기부여를 얻는 전략적인 접근이 중요합니다.

시험 입문

- 시험을 보겠다고 결심했다면 기출문제를 가장 먼저 파악해 시험의 전반적인 그림을 그려야 한다.
- 시험에 응시하는 지원자 집단인 응시자 풀을 확인하여 시험 입문을 고려해야 한다.
- 수험기간은 짧게 설정하지 말고, 평균 수험기간을 파악해 설정해야 한다.
- 합격 수기를 확인해 공부 방향성을 확인해야 한다.

PART 2

항아리 공부법

: 정답이 넘실대는 이유

01

두 가지만으로
공부의 왕도가 되다

공부를 잘하기 위해 필요한 요소들을 세세히 따져 보면 그 종류는 정말 다양합니다. 예를 들면, 공부에서 가장 중요하다고 여겨지는 '뇌'의 역할은 기억력, 이해력, 학습 속도, 논리적 사고력 등의 여러 하위 요소로 나뉩니다.

하지만 머리만 좋다고 해서 공부가 완성되는 것은 아닙니다. 꾸준히 시간을 투자할 수 있는 끈기, 높은 성취를 향한 의지, 몰입을 가능하게 하는 집중력, 그리고 효율적인 시간 관리 능력까지. 이처럼 공부에 필요한 요소들은 무수히 많고, 이 모든 요소가 조화를 이룰 때 비로소 성적으로 이어집니다. 그래서 공부는 마치 하나의 종합 예술과도

같습니다.

스포츠 경기나 RPG 게임을 떠올려 보세요. 선수나 캐릭터마다 각기 다른 능력치가 있고 이 능력치의 조합에 따라 성과가 달라지죠. 공부도 마찬가지로 수십 가지 능력치가 존재한다고 볼 수 있습니다. 이 능력치를 크게 두 가지 축으로 나눠 보면 시간과 방향성으로 분류할 수 있습니다.

먼저, **시간은 내가 실제로 몰입해서 공부한 순공부시간을 의미합니다.** 순공부시간은 단순히 책상 앞에 앉아 있는 시간이 아니라, 실제로 공부한 시간을 의미합니다. 공부의 양과 질을 결정짓는 가장 기본적인 요소로, '공부를 얼마나 효율적으로 했는가'를 보여 주는 지표기도 하죠.

예를 들어, 하루에 10시간을 공부한다고 계획했더라도 그중 5시간을 스마트폰을 본다거나 멍하니 시간을 보냈다면 실제 순공부시간은 5시간에 불과합니다. 이는 아무리 긴 시간을 투자해도 결과적으로 성과로 이어지지 않습니다.

방향성은 공부한 내용이 시험 점수 향상으로 얼마나 직결되는지를 나타냅니다. 방향성은 공부의 질을 결정짓는 또 하나의 중요한 축입니다. 방향성이란 공부한 내용이 시험 점수 향상에 얼마나 직결되는지를 판단하는 기준이죠. 잘못된 방향으로 공부하면 아무리 많은 시간을 투자해도 결과를 얻기 어렵습니다.

방향성을 잡기 위해 가장 중요한 것은 시험의 출제 경향과 기출문제를 철저히 분석하는 것입니다. 기출문제는 시험 출제자의 의도를 이해하는 가장 강력한 도구입니다. 저는 모든 시험 과목에서 기출문제를 기반으로 우선순위를 정했습니다.

또한 방향성을 올바르게 설정하기 위해 자신에게 끊임없이 질문을 던지는 습관을 들였습니다. "이 공부가 점수로 연결될 수 있는가?", "이 영역은 실제 시험에서 얼마나 중요한가?" 이런 질문들은 제 공부의 방향을 점검하는 데 도움을 주었습니다.

충분한 순공부시간을 확보하면서, 올바른 방향으로 공부하면 성적은 자연스레 따라올 수밖에 없죠. 공부에 많은 요소가 필요하다고 생각할 수 있지만, 결국 공부는 단순합니다.

시간을 확보하고 올바른 방향으로 공부하는 것. 이 두 가지만으로도 누구나 합격에 도달할 수 있습니다.

> **✓ Key Point**
> 공부는 시간과 방향성의 균형이 핵심입니다. 충분한 공부시간을 확보하고 올바른 방법으로 학습할 때 비로소 성적으로 이어지게 됩니다.

02

항아리에 물을 채우는 것이 관건이다

항아리 개념은 제 공부법 전체를 관통하는 개념입니다. 항아리 개념은 단순히 열심히 공부하는 것이 아니라, 그 이상의 체계적이고 효율적인 접근법을 말합니다. 합격하기에 충분한 범위를 공부하는 것(항아리 크기), 올바른 방법으로 반복 학습을 하는 것(물을 붓는 속도와 정확도), 내용을 이해하고 체계적으로 정리해 망각을 줄이는 것(구멍 크기 줄이기)이 성공하는 공부의 열쇠입니다. 항아리 개념을 활용한다면 단순히 공부에 시간과 노력을 들이는 과정에서 벗어나, 명확한 목표와 전략을 가지고 효율적으로 성과를 낼 수 있습니다.

❶ 바구니 크기	순공부시간
❷ 항아리 크기	내가 공부한 범위(시험 범위와는 다른 개념입니다)
❸ 항아리에 물을 붓는 속도	지식의 익숙함
❹ 항아리에 물을 붓는 정확도	방향성, 효율성
❺ 항아리 바닥의 구멍 크기	이해를 하는 정도
❻ 항아리에 담긴 물	갖고 있는 지식

① 바구니의 크기

물을 담기 위해서는 아무래도 물을 뜨는 바구니가 필요하죠. 바구니의 크기는 하루의 '순공부시간'을 의미합니다. 많은 시간을 공부에 투자해도 집중하여 공부하는 시간이 부족하다면 바구니는 작을 수밖에 없습니다. 예를 들어, 하루 12시간을 공부한다고 계획했더라도 그중 6시간을 자리에 마냥 앉아만 있었다면 바구니의 크기는 6시간에 불과합니다.

② 항아리의 크기

항아리의 크기는 '공부한 범위'를 의미합니다. 이 범위는 시험 범위를 의미하지 않습니다. 항아리의 크기는 시험에 합격할 수 있을 만큼 키워야 합니다. 예를 들어, 공무원 시험을 준비하는 학생이 영어 과목에서 문법만 공부한다면 항아리는 문법이라는 작은 크기에 머무를 것입니다. 그러나 문법뿐만 아니라 어휘, 구문까지 포함해 학습 범위를 확장한다면 항아리의 크기는 시험에 합격할 수 있을 정도로 커지게 됩니다.

③ 항아리에 물을 붓는 속도

공부한 내용이 익숙해질수록 우리는 항아리에 더 빠르게 물을 담을 수 있습니다. 같은 내용을 반복해서 학습하면 점점 그 내용이 익숙해져 짧은 시간에 더 많은 물을 항아리에 붓는 거죠. 하지만 반복이 없으면 아무리 많은 시간을 들여도 물을 제대로 붓지 못해 성과를 내기 어렵습니다.

④ 항아리에 물을 붓는 정확도

항아리 입구에 정확하게 물을 붓지 못한다면 소용이 없습니다. 항아리에 물을 열심히 담으려고 노력하나, 목표를 향해 제대로 채우지 못한다면 수고는 수고대로 했는데 얻는 것이 없는 상황이 일어나 효율성이 떨어지게 됩니다. 이는 공부 방향이 잘못되었을 때의 상황을 말합니다.

⑤ 항아리 바닥의 구멍 크기

인간은 망각의 동물입니다. 공부를 하면 항아리에 물이 조금씩 채워지지만, 이 항아리는 필연적으로 아래에 구멍이 뚫려 있어, 이 구멍을 통해 나의 물은 어쩔 수 없이 계속해서 빠져나가게 됩니다. 내 머릿속의 지식이 사라지는 현상이 발생하는 것입니다. 이 구멍을 줄일 수 있는 것이 바로 이해입니다. 이해도가 높아질수록 항아리의 구멍은 작아집니다.

⑥ 항아리에 담긴 물

항아리에 담긴 물은 공부한 범위에 대한 나의 지식입니다. 이는 공부 방향성과 아주 밀접한 관계가 있습니다. 시험 날 기준으로 항아리의 물이 가득 차 있거나 넘칠 만큼 채워져 있어야 합격이 가능합니다.

보통 시험에 있어 시험 과목은 적게는 3~4개, 많게는 6~7개입니다. 시험을 준비할 때 우리는 지속적인 관리를 통해 모든 항아리의 물을 시험 날까지 계속해서 적당하게 채워야 할뿐더러 항아리 크기 또한 유지할지 더 늘릴지 고민해야 합니다. **부족함 없는 항아리의 크기가 만들어지고 물이 넘치려고 할 때 시험을 응시하면 합격할 수 있습니다.**

예를 들어, A는 한국사에서 선사시대부터 삼국시대까지만 공부했습니다. 시험 범위는 근현대사까지 포함되지만, 시간이 없다는 이유로 나머지 부분을 공부하지 못했습니다. 이 경우 A의 항아리 크기는 작을 수밖에 없습니다. 시험에서 근현대사 문제가 나왔을 때 아무리 열심히 공부했던 선사시대와 삼국시대 내용을 떠올려도 점수를 얻을 수 없습니다. 반면에 B는 시간 관리와 계획을 통해 시험 범위 전체를 공부하며 항아리 크기를 충분히 키웠습니다. B의 항아리는 시험에 필요한 모든 범위를 포함하고 있어 시험장에서 더 좋은 성과를 기대할 수 있습니다.

C는 하루 4시간을 집중적으로 공부하며 기출문제를 반복해서 풀었습니다. 그 덕분에 물을 붓는 속도(반복)와 방향성(정확도)이 점점 향상되었고, 같은 시간을 투자해도 더 많은 내용을 습득할 수 있었습니다. 반면, D는 하루 8시간을 공부한다고 계획했지만 중간중간 스마트폰을 확인하거나 인터넷 서핑을 하며 시간을 보냈습니다. D의 바구니

는 크기가 작고, 물을 붓는 속도도 느려 실제로는 항아리에 물을 거의 채우지 못했습니다.

공부법을 항아리에 물을 채우는 과정으로 비유했을 때, 우리는 단순히 공부가 시간을 투자하는 것만으로는 부족하다는 것을 알 수 있습니다. 항아리의 크기를 키우고, 물을 빠르게 채우며, 구멍을 최소화하는 모든 과정이 유기적으로 연결되어야만 합격이라는 목표에 도달할 수 있습니다.

결국 공부는 내가 만든 항아리 속 물로 승부를 보는 과정입니다. 각자의 항아리 크기와 물의 양은 다를 수 있지만, 중요한 것은 시험 날까지 항아리의 물이 가득 차 있도록 꾸준히 노력하는 것입니다.

> ✅ **Key Point**
> 항아리 개념은 순공부시간, 학습 범위, 반복 학습, 올바른 방향성 그리고 이해도를 기반으로 시험에 필요한 지식을 효과적으로 쌓고 유지해야 한다는 것을 쉽게 설명한 개념입니다.

03

모든 시험에는
기본 순서가 있다

공부를 시작할 때 우리는 흔히 '열심히 해야 한다'는 막연한 다짐만으로 뛰어듭니다. 하지만 공부에도 체계가 필요합니다. 단순히 시간을 투자한다고 해서 성과가 보장되는 것이 아닙니다.
학습 과정을 단계적으로 이해하고 효율적으로 활용하는 것이 필수적입니다.
효과적으로 공부하기 위해서는 인풋(Input), 아웃풋(Output), 정리라는 기본 단계를 알아야 합니다.

세 단계는 단순한 순서가 아니라, 시험 일정과 개인의 학습 상황에 맞게 조정하면서 활용해야 하는 중요한 도구입니다. 지금부터 공부의 기본 단계를 살펴보며, 이를 어떻게 적용할 수 있을지에 대해 이야기해 보겠습니다.

공부의 기본 단계

기본적인 공부의 순서는 세 단계로 나눌 수 있습니다. 각 단계는 순차적인 단계가 아닙니다. 시험 진도나 시험까지 남은 일자 등 본인의 상황과 때에 따라 각 단계를 적절하게 배치해야 합니다.

인풋

인풋은 우리가 흔히 말하는 회독입니다. 처음 공부를 시작할 때는 전체적으로 책을 둘러보거나 기본 강의를 듣는 것 등 할 수 있는 것이 많지 않습니다. 인풋은 본격적인 공부를 위한 일종의 '몸풀기 단계'로 볼 수 있으며 아웃풋을 위한 재료를 준비한다는 개념으로 이해하면 됩니다. 그 이후 아웃풋과 정리를 반복하면서 인풋의 횟수는 계속해서 늘어나게 됩니다.

아웃풋

✦

아웃풋이란 내 머릿속에 있는 인풋을 출력(인출)하는 것입니다. 몇몇 수험생이 눈으로만 읽는 편한 공부만을 하는데 아웃풋 없이 공부를 한다면 합격하기 매우 어렵습니다. **인풋은 단지 아웃풋을 하기 위한 준비단계일 뿐이고, 아웃풋이 이른바 '공부'라고 지칭할 수 있습니다.** 시험 입문 시에는 인풋:아웃풋 비율이 10:0이지만 점점 아웃풋 비중을 늘려 나가야 하며 시험 날에 가까울수록 인풋:아웃풋 비율을 1:9나 0:10으로 공부해야 합니다.

정리

✦

아웃풋과 인풋을 반복하다 보면 인풋의 양이 점점 많아져 놓치고 있는 개념이 있거나 오개념(내용 자체를 잘못 이해한 개념)이 자리 잡을 수도 있으며 머릿속에서 수많은 인풋이 엉켜 있거나 헝클어져 있을 가능성이 높습니다. 정리는 수많은 인풋을 나의 언어로 재편하여 재가공, 분류함으로써 해당 내용의 이해도를 높이는 작업이라고 보면 됩니다.

저는 변리사 1차 시험을 준비하면서, 초반에는 기본 강의를 통해 전체적인 개요를 파악하는 데 집중했습니다. 이 단계에서 중요한 것은 내용 하나하나를 암기하려는 부담을 버리고, 큰 그림을 그려야 한다는 것입니다.

이후 아웃풋 단계에서는 기출문제를 풀었습니다. 처음에는 틀린 문제도 많았지만, 회독의 수가 올라감에 따라 머릿속의 지식이 서서히 정리되고 응용력이 생기는 것을 느꼈습니다.

마지막으로 정리 단계에서 앞서 인풋과 아웃풋을 거치며 생긴 헷갈렸던 개념, 어려워하는 부분, 이해가 안 되었던 내용 등을 한데 모아 암기했습니다.

공부는 인풋, 아웃풋, 정리라는 체계적인 사이클을 통해 지식의 깊이를 더해가는 과정입니다.

> ✅ **Key Point**
> 모든 시험에 적용되는 공부의 기본 순서는 인풋, 아웃풋, 정리로 구성됩니다. 시험 일정과 현재 상황에 따라 이 단계들을 적절히 배치하여 공부의 효율성을 극대화하는 것이 중요합니다.

04

인풋의 핵심은
회독이다

공부법을 논할 때 참 많이 나오는 키워드가 회독입니다. 회독과 관련된 공부법을 흔하게 볼 수 있으며 누군가는 시험에 합격하기 위해서 최소 몇 회독은 해야 한다고 합니다.

공부를 하다 보면 옆에 누구는 벌써 몇 회독을 했다는 얘기를 듣고는 합니다. 그러고선 나의 회독수와 비교하고 초라해지고 우울해지곤 합니다. 합격을 위해서는 몇 회독을 해야 할까요? 나보다 회독을 더 많이 한 사람은 나보다 합격할 가능성이 높을까요? 당연히 아닙니다.

회독은 그저 공부를 시작하기 위한 준비단계에 불과합니다. 그저 아웃풋을 위한 준비작업이라고 볼 수 있죠. **아웃풋 없이 인풋만 무한정 돌린다고 해서 합격에 가까워지는 것은 아닙니다. 회독을 아무리 많이 한다고 해도 제자리걸음일 수도 있고, 잘못하면 오히려 뒷걸음질을 할 수도 있습니다.**

필요한 회독수는 그 시험의 난이도, 분량, 과목의 특성에 따라 천차만별일뿐더러 개인의 학습 능력에도 좌지우지되기 때문에 공식처럼 몇 회독 이상은 해야 합격한다고 정해진 것은 없습니다.

3~4회독까지는 기억나지 않는 것이 정상이다

한 번 회독한 후, 두 번째 회독을 들어가려고 하면 뭐가 뭔지 기억이 나지 않습니다. 그래도 두 번째니까 읽는 시간도 좀 빨라질 거고 이해도 잘 되겠지 하는 기대를 할 수도 있습니다. 하지만 제 경험상 절대 그렇지 않았습니다. 2회독은커녕 3회독 중에도 '이런 내용이 있었나?' 하는 생각은 물론이거니와 회독이 늘어날수록 이해해야 하는 내용이 추가로 생기기도 하면서 회독 시간은 전체적으로 크게 줄어들지 않았습니다.

3~4회독하면 그래도 아는 내용도 많을 것이고 금방 외워지고 이해할 수 있겠지 하고 생각할 수도 있는데 몇십 번을 봐도 외워지지 않고 이해가 안 될 수도 있습니다. 급기야 '나는 바보야, 나는 머리가 나

빠…'라고 자신을 자책하게 됩니다. 하지만 이해가 안 되는 것은 지극히 당연합니다. 경험상 4회독 정도는 해야 '아, 전에 본 내용이구나' 정도의 생각이 들었습니다.

어느 시험이 단순히 3회독만으로 합격할 수 있을까요? 바로 외울 수 있다면 우리에게 공부법 따위는 필요가 없지 않을까요? 지극히 정상적인 상황이며 비록 기억은 못 할지라도 우리의 뇌는 그 내용을 저 깊숙한 곳에 단기로 저장해 놓고 있습니다.

똑똑하게 회독하자

목차

목차는 그 시험의 유형에 따라 중요도가 달라집니다.

객관식이나 주관식에서의 목차는 시험의 합격 여부에 절대적이지는 않지만, 논술형에서는 목차의 중요도가 아주 높습니다. 하지만 목차가 크게 중요하지 않은 객관식이나 주관식이더라도 목차의 숙지는 내용의 전반적인 이해도를 높여 주고 효율적으로 정리를 할 수 있게 해 주어 회독할 때 읽는다면 공부에 큰 도움이 됩니다.

목차를 읽을 때는 전체적인 흐름을 능동적으로 파악하려는 노력이 중요할 뿐 외울 필요는 없습니다. 목차는 과목에 따라 여러 가지 유형이 있습니다.

한국사는 시간의 경과에 따른 흐름순, 수학과 영어는 난이도순(이전의 내용이 다음 내용의 습득을 위해 필요한 과목), 특허법이나 민사소송법은 절차의 순서순이 그 예시입니다.

목차는 마치 지구본을 돌려가면서 이런 대륙들이 있구나 하고 파악하는 것과 마찬가지로 '이 과목은 이러한 흐름으로 전개되는 구나', '이런 내용들이 있구나', '이 과목은 이러한 유형이구나'의 식으로 과목의 전반적인 특성을 파악해 보는 방향으로 접근하면 좋습니다.

논술형은 목차를 줄줄 꿰고 있어야 하는 수준으로 암기까지 해야 하는데 이는 뒤에서 구체적으로 설명하겠습니다.

본문

본문은 처음부터 외우려는 생각은 하지 마시되 **검은 것은 검은 것이요, 흰 것은 흰 것이요 식의 단순히 눈으로 '보는' 행위는 절대로 해서는 안 되며 내용을 최대한 이해해 보려고 노력하는 것이 핵심입니다.** 다만, 이해가 안 된다면 붙잡지 마시고 과감히 넘겨야 합니다.

추후 회독수가 늘어나고 정리와 암기를 반복하면서 나중에는 저절로 이해되는 내용이 대부분입니다. **이 단계에서 중요한 것은 이해하기 위해 '노력한다'는 그 자체입니다. 이해하려는 노력 자체로 인해 그 내용이 뇌의 깊숙한 곳에 짧게 자리 잡게 됩니다.**

체계적으로 밑줄을 긋자

✦

많은 수험생이 교과서나 문제집에 밑줄을 그으면서 공부할 것입니다. 밑줄 공부법 중에서도 중요도 또는 난이도에 따라 안 외워지는 정도에 차등을 두어 밑줄을 긋는 방법을 추천합니다.

첫 3회독까지는 샤프나 연필로 진행하며 그 이후 아웃풋과 인풋을 번갈아 반복할 때는 횟수에 따라 펜의 종류와 색깔을 달리하면서 밑줄을 긋습니다.

이런 식으로 밑줄을 그으면 중요도나 안 외워지는 정도에 따른 구분이 눈으로 쉽게 가능해지며, 그뿐만 아니라 **계속 놓치거나 까먹는 부분에 대한 파악이 쉬워져 수험기간이나 시험 막판에 그 부분만 쭉 읽는다면 시간도 절약되고 암기에도 큰 도움이 됩니다.**

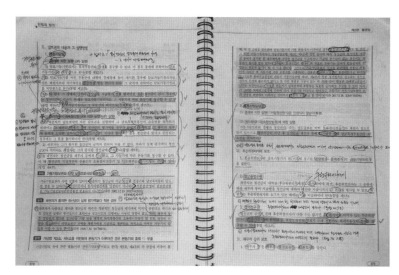

회독할 때 표시한 밑줄 1

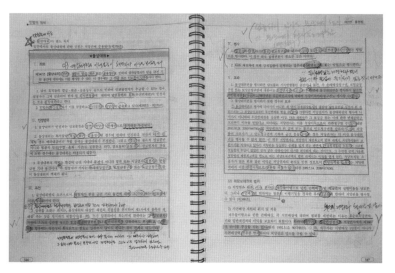

회독할 때 표시한 밑줄 2

71쪽의 〈회독할 때 표시한 밑줄 1,2〉는 제가 변리사 1차 시험 중 한 과목인 민법의 기본서 일부입니다. 필기구의 종류와 색깔별로 밑줄을 그으니, 중요도나 어려워하는 부분이 한눈에 들어와 더 효율적으로 공부할 수 있었습니다.

> ✅ **Key Point**
>
> 회독은 아웃풋을 준비하는 인풋 단계입니다. 반복과 이해를 통해 지식을 축적하며 효율적인 방법과 체계적인 표시로 학습 효과를 극대화하는 것이 중요합니다.

05

아웃풋의 핵심은
입력과 출력이다

　회독이 어느 정도 됐다면 이제 아웃풋을 해 볼 단계입니다. 공부에서 아웃풋 단계는 공부한 내용을 내 머릿속에서 꺼내어 시험 유형에 맞게 활용하는 과정을 의미합니다. 하지만 많은 수험생들이 '회독을 몇 번 했는데도 기억이 나지 않는다'며 걱정하거나 자책하곤 합니다. 하지만 이는 매우 자연스러운 현상입니다. 3~4번 회독을 해도 기억이 안 나는 것이 당연하므로 너무 걱정하거나 자책은 하지 마시고 과목의 난이도나 양에 따라 차이가 있겠지만 대략 5회독을 한 후 아웃풋을 해 보길 추천합니다.

처음에 아웃풋을 시도해 보고, 인풋이 너무 없어 아웃풋이 시간 낭비 같다는 생각이 들면 다시 돌아와서 회독을 진행하면 됩니다. 아웃풋은 시험 유형에 따라 조금씩 다르게 적용됩니다. 객관식 시험에서는 문제 풀이를 통해 공부한 내용을 떠올리는 방식으로 진행하고, 주관식이나 논술형 시험에서는 보다 깊은 사고와 서술이 요구됩니다. 하지만 공통적으로 입력과 출력의 균형이 중요합니다.

아웃풋을 시도할 때 처음에는 더디고 비효율적으로 느껴질 수 있지만, 반복을 통해 나아질 것이라는 믿음을 갖고 계속해서 회독을 해 줘야 합니다.

✅ Key Point

아웃풋은 공부 내용을 머릿속에서 꺼내 시험 유형에 맞게 활용하는 과정입니다. 초기에는 비효율적으로 느껴질 수 있으나, 반복만이 내 실력을 올리는 가장 빠른 길입니다.

06

객관식 공부법

객관식은 선지(입력)를 보고 ○×를 판별(출력)한 후 정답과 해설을 확인(인풋)하는 것이 순차적인 단계입니다.

객관식에서의 아웃풋은 선지의 ○× 판별뿐이기 때문에 객관식은 다른 시험 유형에 비해 가장 접근하기 쉬운 시험 유형입니다. 객관식은 문제의 답을 맞혔다고 그냥 넘어가지 말고, 반드시 5개의 선지 모두 ○×를 판별하는 방식으로 해야 합니다. 즉, 문제의 답이 2번이면 나머지 선지는 패스하는 것이 아니라 1번과 3~5번 선지도 ○×를 반드시 판별해야 한다는 것입니다.

도급인과 건물신축공사 계약을 체결한 수급인이 공사완료 예정일에 공사를 완료하였으나 도급인이 공사대금을 지급하지 않는 경우, 수급인은 공사대금청구권 및 공사대금채무불이행에 따른 손해배상청구권을 피담보채권으로 하여 도급인에게 위 신축건물에 관한 유치권으로 대항할 수 있다.

출력 예시

[정답] 옳음

인풋 예시

| 해결 | 만약 이 지문과 같이 도급계약에 의해 신축된 건물의 소유권 귀속에 관한 별도의 제시 없이 수급인이 공사대금채권 등을 피담보채권으로 하여 유치권의 성립을 주장할 수 있는지 여부를 묻는다면, 출제자가 목적물과의 견련성에 관하여 묻고 있는 것으로 파악해야 한다.

도급계약에 있어서 주택건물의 신축공사를 한 수급인이 그 건물을 점유하고 있고 또 그 건물에 관하여 생긴 공사금채권이 있다면 수급인은 그 채권을 변제받을 때까지 건물을 유치할 권리가 있다. (대판 1995.9.15. 95다16202) 그리고 채무불이행에 의한 손해배상청구권은 원채권의 연장이라 보아야 할 것이므로 물건과 원채권과 사이에 견련관계가 있는 경우에는 그 손해배상채권과 그 물건과의 사이에도 견련관계가 있다 할 것으로서 손해배상채권에 관하여 유치권 항변을 내세울 수 있다. (대판 1976. 9.28. 76582)

[정답] 옳음

객관식을 풀 때 유의점

① ○×는 확실하게 구별하자

○×를 판별하는 방식으로 공부할 때는 한 가지 단점이 있습니다. 한 문제에서 선지 1번부터 5번 순으로 ○×를 판별한다고 가정할 때,

한 선지에서 확실하게 ○× 판별이 되는 경우 그 뒤의 선지를 '내가 아는 선지구나'라고 착각할 수 있다는 것입니다. 예를 들어, 1번 선지가 확실하게 ○라면, 나머지 2~5번 선지는 ×인 것이 분명하다는 선입견이 생깁니다.

2~5번 선지를 내가 확실하게 알고 있는 건지, 아니면 1번 선지가 확실함에 따라 이에 영향을 받아 알고 있다고 착각하는 것인지 구별하기 어렵습니다. 아무리 객관적으로 이 선지의 ○×를 판별할 수 있는지 확인하려고 해도 사람이기에 100% 객관성을 유지할 수는 없습니다. 이 점을 염두에 두고 최대한 객관성을 유지하면서 ○×를 판별하길 바랍니다.

② 범위의 양이 방대함을 알고 있자

객관식은 다른 유형보다 접근하기는 쉽지만, 양이 방대해서 다른 시험 유형보다 무조건 쉽다고 볼 수는 없습니다. 시험 유형의 특성상 논술형은 논점 누락만 안 된다면 그래도 아는 것을 총동원해서 논리적으로 답안지를 만들 수 있지만, 객관식은 보통 5개 선지 중 2개가 헷갈리기 때문에 3개의 선지를 확실하게 안다고 해도 답을 틀리면 배점 전체를 날리는 구조입니다. 저는 개인적으로 변리사 시험을 준비하면서 2차 논술형 시험보다는 1차 객관식 시험이 더 부담스러웠습니다. 1차 시험의 양이 너무 방대해서 처음 입문할 때 두렵기도 했고 공부를 하면 할수록 이 많은 양을 언제 다 공부할까 걱정되고 부담스러웠습니다.

또한, 객관식은 양이 방대한 만큼 항아리의 구멍도 큽니다. **구멍이 크기 때문에 하루이틀만 공부하지 않아도 항아리에 들어 있는 물의 양은 금방 줄어듭니다. 그렇기에 객관식은 바구니로 열심히 항아리에 물을 붓는 것밖에 답이 없습니다. 자꾸 잊어버리고 틀려도 좌절하지 않고 시험 직전까지 열심히 바구니로 항아리에 물을 채워야 합니다.**

③ 첫째도, 둘째도 기출문제다

기출문제는 기본 중의 기본입니다. 공부는 항상 기본을 갖추고 기본을 유지하면서 기본에 덧붙여 나가는 방법으로 해야 합니다.

과목 당 문제 20개, 문제당 5개의 선지가 있다고 가정했을 때 한 해의 기출문제에서 총 100개의 선지가 나오며 10년 치 기출문제는 1,000개, 20년 치 기출문제는 2,000개가 나옵니다. 1,000~2,000개는 결코 적은 숫자가 아닐뿐더러 기출문제만 완벽하게(현실적으로는 완벽에 가깝게) ○× 판별이 가능한 정도로만 실력을 만들어도 합격 가능성이 아주 커집니다. 즉, 시중 문제집 없이 기출문제로 아웃풋과 인풋을 반복하면서 기본서로 정리와 암기만 덧붙인다면 합격권에 도달할 수 있습니다. 시중 문제집은 기출문제를 완벽하게 숙지한 다음입니다.

다시 한번 강조하지만, **기출문제를 어느 정도 마스터한 다음에야 비로소 시중의 문제집으로 확장해 나가는 방식으로 공부해야 합니다.** 출제위원들은 신중에 신중을 가해 정성을 들여 문제를 만들 뿐만 아니라 검토위원까지 붙어서 검토까지 끝마쳐진 엄선된 문제로만 시험문제를 출제합니다.

또한 객관식은 문제은행식으로 출제되므로 한 번 출제되었다면 다시 출제되지 않는 것이 아니라 앞으로도 다시 출제될 가능성이 높습니다. 이러한 양질의 재료를 최우선으로 여기지 않고 등한시하는 우를 범해서는 안 됩니다.

④ 정답률 75%를 목표로 하자

선지별로 랜덤하게 ○×를 판별했을 때 정답률 75% 정도가 나오면 시험에서 최소 90점은 확보한다고 보며 정답률 80%이면 거의 100점에 가깝습니다.

어려운 문제는 5개 선지 중 보통 2개의 선지가 헷갈리기 마련인데 문항별이 아니라 순수하게 ○×를 판별하는 것이기 때문에 선지별 정답률보다는 실제 과목의 점수가 더 높게 나올 수밖에 없습니다.

75%가 75점이 아닙니다. 75%면 충분히 좋은 정답률입니다. 자신에게 실망할 필요도, 자신감이 떨어질 필요도 없습니다.

⑤ 객관식이라고 암기가 없는 것은 아니다

기출문제에서 ○×를 완벽하게 판별할 수만 있어도 합격권에 이를 수 있지만, ○×를 완벽하게 판별하려면 아웃풋과 인풋의 반복만으로는 한계가 있습니다.

○× 판별 후 해설이나 기본서로 선지와 관련된 내용을 확인(인풋)하지만, 암기가 필요한 내용들은 잠깐의 인풋으로는 외우기 어렵습니다. 따로 시간을 들여 암기가 필요한 내용들을 외우지 않는다면 정답률 상승곡선은 정체될 수 있습니다.

따로 시간을 할애해서 혼동되는 개념을 정리하고 암기가 필요한 것들은 반드시 외워야 합니다. 정리법과 암기법은 뒤에 자세하게 설명되어 있습니다.

⑥ 양을 줄여 나가는 방식으로 무한 반복하자

○× 판별은 '전체 ○× 판별'을 한 다음 '모르는 것만 ○×' 판별을 합니다. 이후 '또 모르는 것만 ○×판별'을 하고 다시 '전체 ○× 판별'을 하며 이 과정을 반복해야 합니다.

양을 줄여 나가는 방식으로 시험 전까지 무한 반복해야 하며, 다만 **전체 ○× 판별은 상황에 따라 그 빈도수를 조절**하면 됩니다. 이전에는 ○× 판별을 정확하게 했다고 하더라도 시간이 지난 후에 다시 판별해 보면 그 내용을 망각하거나 다른 지식과 섞여서 헷갈려서 틀리는 경우가 종종 발생합니다.

전체 ○× 판별은 ○× 판별 반복 수가 늘어날수록 빈도수를 줄여도 되지만 시험 직전에는 가능한 전체 ○× 판별을 한 번 하는 것을 추천합니다.

> ✅ **Key Point**
>
> 객관식은 기출문제 중심으로 ○× 판별을 반복하며 선지별로 정확히 판단하는 연습을 통해 학습 효과를 극대화하고, 암기와 이해를 병행하여 정답률을 꾸준히 높여야 합니다.

07

주관식 공부법

주관식은 객관식보다 더 깊이 있는 학습이 필요합니다. 이는 출제자가 기본서의 어느 부분이라도 문제로 활용할 수 있기 때문입니다. 따라서 단순히 문제를 풀며 인출하는 연습뿐만 아니라, 기본서의 내용을 꼼꼼히 학습하고 키워드를 중심으로 기억하는 방식이 중요합니다. 시험 직전에도 1회독이 가능할 정도로 기본서를 반복 회독하면서, 핵심 개념을 확실히 다지는 것이 성공의 열쇠입니다.

주관식도 객관식과 동일하게 빈칸을 보고(입력) 빈칸의 답을 생각하고(출력) 정답과 해설을 확인(인풋)하는 순차적 단계입니다.

주관식이 객관식보다 어려운 이유는 출력의 양에 차이가 있기 때문입니다. 객관식의 출력이 비교적 간단한 ○× 판별이라면 주관식의 출력은 최소 단어, 길게는 문장 형태기 때문입니다. 하지만, 논술형과 비교했을 때 논술형은 논점 추출뿐만 아니라 목차를 잘 잡고 시간과 분량에 맞춰 가독성 있게 답안지에 적어야 하는 시험 유형인 것을 고려하면, 주관식은 논술형보다는 훨씬 쉬운 유형이며 객관식과 가까운 유형이라고 보면 됩니다.

입력 예시 1

제30조(공지 등이 되지 아니한 발명으로 보는 경우) ① 특허를 받을 수 있는 권리를 가진 자의 발명이 다음 각호의 어느 하나에 해당하게 된 경우 〈 〉이내에 특허출원을 하면 그 특허출원 된 발명에 대하여 〈 〉때에는 그 발명은 〈 〉에 해당하지 아니한 것으로 본다.
1. 특허를 받을 수 있는 권리를 가진 자에 의하여 그 발명이 〈 〉에 해당하게 된 경우. 다만, 〈 〉에 따라 〈 〉에서 〈 〉되거나 〈 〉된 경우는 제외한다.
2. 특허를 받을 수 있는 권리를 가진 자의 의사에 반하여 그 발명이 〈 〉에 해당하게 된 경우
② 제1항 제1호를 적용받으려는 자는 특허출원서에 〈 〉를 적어 출원하여야 하고, 〈 〉를 산업통상자원부령으로 정하는 방법에 따라 〈 〉 이내에 〈 〉에게 제출하여야 한다.
③ 제2항에도 불구하고 산업통상자원부령으로 정하는 〈 〉를 납부한 경우에는 다음 각호의 어느 하나에 해당하는 기간에 제1항 제1호를 적용받으려는 〈 〉제출할 수 있다. 〈신설 2015. 1. 28.〉

1. 〈 〉
2. 〈 〉

출력 및 인풋 예시 1

제30조(공지 등이 되지 아니한 발명으로 보는 경우) ① 특허를 받을 수 있는 권리를 가진 자의 발명이 다음 각호의 어느 하나에 해당하게 된 경우 그날부터 12개월 이내에 특허출원을 하면 그 특허출원 된 발명에 대하여 제29조 제1항 또는 제2항을 적용할 때에는 그 발명은 같은 조 제1항 각호의 어느 하나에 해당하지 아니한 것으로 본다.

1. 특허를 받을 수 있는 권리를 가진 자에 의하여 그 발명이 제29조 제1항 각호의 어느 하나에 해당하게 된 경우. 다만, 조약 또는 법률에 따라 국내 또는 국외에서 출원공개되거나 등록공고된 경우는 제외한다.
2. 특허를 받을 수 있는 권리를 가진 자의 의사에 반하여 그 발명이 제29조 제1항 각호의 어느 하나에 해당하게 된 경우
② 제1항 제1호를 적용받으려는 자는 특허출원서에 그 취지를 적어 출원하여야 하고, 이를 증명할 수 있는 서류를 산업통상자원부령으로 정하는 방법에 따라 특허출원일부터 30일 이내에 특허청장에게 제출하여야 한다.
③ 제2항에도 불구하고 산업통상자원부령으로 정하는 보완수수료를 납부한 경우에는 다음 각호의 어느 하나에 해당하는 기간에 제1항 제1호를 적용받으려는 취지를 적은 서류 또는 이를 증명할 수 있는 서류를 제출할 수 있다. 〈신설 2015. 1. 28.〉

---

1. 제47조 제1항에 따라 보정할 수 있는 기간
2. 제66조에 따른 특허결정 또는 제176조 제1항에 따른 특허거절결정 취소심결(특허등록을 결정한 심결에 한정하되, 재심심결을 포함한다)의 등본을 송달받은 날부터 3개월 이내의 기간. 다만, 제79조에 따른 설정등록을 받으려는 날이 3개월보다 짧은 경우에는 그날까지의 기간

입력 예시 2

표현대리는 무권대리의 일종이므로 상대방이 표현대리를 주장하지 않는 경우 무권대리 규정이 〈 〉된다. 따라서 본인은 〈 〉을 행사할 수 있고, 상대방은 〈 〉과 〈 〉을 행사할 수 있다. (153쪽)

출력 및 인풋 예시 2

표현대리는 무권대리의 일종이므로 상대방이 표현대리를 주장하지 않는 경우 무권대리 규정이 중복적용된다. 따라서 본인은 추인권(제130조)을 행사할 수 있고, 상대방은 철회권(제134조)과 최고권(제131조)을 행사할 수 있다. (153쪽)

주관식을 풀 때 유의점

① 키워드 중심으로 암기하자

주관식 문제는 '이건 무엇인가요?'와 같이 단순한 답을 요구하는 방

식으로 출제되기 쉽습니다. 기본서의 중요 개념과 키워드를 철저히 암기하고, 이를 중심으로 문제의 답을 떠올리는 연습이 필요합니다. 특히, 키워드를 중심으로 문제를 예상하며 학습하면 출제자의 관점을 이해하는 데 큰 도움이 됩니다.

② 문제를 예측하는 연습을 하자

기본서의 내용을 바탕으로 출제 가능성이 높은 질문을 스스로 만들어 보고, 이를 주관식 형태로 작성하며 연습합니다. 문제를 풀고 난 뒤에는 정답과 해설을 보며 자신의 이해를 점검하고 부족한 부분을 보완해야 합니다. 예를 들어, 위에 출력 및 인풋 예시로 든 것 처럼 중요한 키워드는 〈 〉로 표시해 예상 질문을 만든 뒤, 스스로 〈 〉의 답을 채워가며 공부하면 됩니다.

③ 출제자 관점으로 사고하자

기본서를 단순히 회독하거나 문제를 단순히 푸는 것에 그치지 말고, '이 내용은 어떤 식으로 문제가 나올 수 있을까?'를 항상 염두에 두며 공부하는 것이 좋습니다.

단어에 내한 의미를 모른채 또는 내용 사체를 잘 못 이해한 채 공부를 하고 있다면, 머릿속에는 아무것도 남지 않습니다.

주관식을 공부할 때는 자신을 출제자라고 생각한 다음 해당 내용을 어떻게 출제할지 곰곰이 생각해 보아야 시험을 볼 때 해당 내용을 바로 떠올릴 수 있습니다.

✔ Key Point

주관식은 키워드 중심 암기와 반복 연습을 통해 출제자의 관점을 이해하고, 기본서 내용을 철저히 익혀 예상 질문에 대비하는 체계적인 방식이 중요합니다.

08

논술형 공부법

논술형의 입력은 객관식과 주관식에 비해 비교적 간단하지만 출력의 양은 아주 방대합니다. 하지만 입력이 간단할지라도 논술형에서는 암기와 동시에 논점 추출, 목차 구성, 답안지 작성, 시간 분배 등을 숙지하고 연습해야 하기에 가장 진입장벽이 높은 유형이라고 할 수 있습니다.

논술형의 출력 양은 객관식, 주관식과는 차원이 다릅니다. 또한, 논술형은 기본적인 암기, 문제에 대한 논점 파악, 목자 잡기, 시간 분배와 분량 조절, 가독성 있는 답안지까지 준비되어야 합격에 이를 수 있습니다.

논술형은 문제에 대한 논점을 파악한 뒤 목차를 잡고 답안지를 작성하는 모든 과정이 출력과 인풋에 해당합니다.

논술의 출력과 인풋을 할 때는 중요한 내용에 색깔 있는 밑줄을 긋거나 박스로 따로 표시를 해 두었습니다. 각 밑줄은 색깔을 달리하여 내가 왜 이곳에 밑줄을 쳤는지 확실히 인지하는 것이 중요합니다.

저는 답안지에 쓸 내용, 암기해야 하는 부분은 회색 음영으로 표기했습니다. 외워야 하는 키워드는 박스로 표시했고, 핵심 키워드는 노란색 음영으로 표시했습니다. 잘 외워지지 않는 키워드는 초록색이나 파란색으로 밑줄을 칠하며 적었습니다.

I. 당사자표시의 정정 ^[13]

1. 보정과 관련해서 당사자로 확정되는 자

(1) 학설
1) 통설
   i) 공부상 기재에 비추어 당사자의 이름에 오기가 있음이 명백한 경우(=박종선 사건, 박종선 사건은 오기에 준해 보는 것이 아니라 그냥 오기임) 뿐만 아니라 당사자능력이 없는 자를 당사자로 잘못 표시한 것이 명백한 경우에도 오기에 준해 올바른 당사자능력자(실질적 당사자)가 당사자로 확정된다고 한다.
2) 소수설
   i) 당사자능력이 없는 자를 기재한 경우에는 당사자표시가 분명한 만큼 당사자는 능력 없는 자(학교)가 당사자로 확정된다고 한다.

(2) 판례
   i) "소장에 표시된 당사자에게 당사자능력이 인정되지 않는 경우 소장의 전취지를 합리적으로 해석한 결과 올바른 당사자능력자가 당사자로 확정"하고
   ii) 당사자능력이 없는 자를 당사자로 표시한 사건에서 "피고를 정확하게 표시하지 못하고 당사자능력이 없는 자를 피고로 잘못 표시한 것이라고 보아야 한다"라고 해 통설처럼 오기에 준해 당사자능력자를 당사자로 확정한다.

(3) 검토
   i) 통설, 판례에 의하면 능력자로의 보정이 표시정정이 되어 소수설보다 표시정정의 허용범위가 넓어지므로 원고에게 유리한 통설의 입장을 취한다.

2. 표시정정 가부

(1) 학설
1) 표시정정설(통설)
   i) 당사자능력자가 실질적 당사자로 확정되므로 올바른 당사자능력자로의 보정은 동일성이 인정되는 표시정정이라고 한다.
2) 피고경정설
   i) 당사자능력이 없는 자가 피고로 확정되므로 당사자능력 있는 자로 바꾸면 동일성이 없는 피고의 경정이 된다고 한다. (이 견해는 판례가 학교를 피고로 보고 소가 부적법하다고 하면서 보정문제에서는 운영주체를 피고로 보는 것은 일관되지 않는 논리라고 비판한다.)

(2) 판례
   i) "개인이 설립, 경영하는 학교시설에 불과한 명남실업고등기술학교를 피고로 표시했다가 개인 명의로 피고표시를 정정하는 것은 당사자를 변경하는 것이 아니다"라고 해 표시정정이라고 한다.

(3) 검토
   i) 보정과 관련해 당사자능력자를 당사자로 확정한 이상 표시정정설이 타당하다.

3. 임의적 당사자변경과 피고경정 가부

(1) 임의적 당사자변경의 의의
   i) 당사자표시정정에 의해 동일성이 인정되지 않는 새로운 사람을 당사자로 변경하면 임의적 당사자의 변경이 된다.

당사자표시의 정정 단문 암기 1

i) 다수설은 당사자의 편의와 소송결제를 이유로 실제 외무자가 누구인지가 증거조사를 해보아야 판단될 수 있는 경우에도 피고경정을 넓게 인정한다.
② 판례 [허원법 지법확명 준허]
   i) (판례히 암기) 원고가 도급계약상 수급인을 피고(계약명외인)로 표시해서 제소한 후 피고측 답변과 증거에 따라 이를 번복해 피고경정을 구한 사건에서 "피고를 잘못 지정한 것이 분명한 때란 청구취지나 청구원인의 기재내용 자체로 보아 원고가 법률적 평가를 그르치는 등의 이유로 [피고의 지정이 잘못된 것 또는 법인격 유무에 대해 착오를 일으킨 것]이 명백한 경우를 말한다'고 전제한 후 '계약명외인이 아닌 실제 수급인이 누구인지는 증거조사 후 인정사실에 편잡아 판단을 해야 인정할 수 있는 사항이므로 이에 해당하지 않는다"고 한다.
   ii) (지금까지 피고경정을 인정한 판례는 단 한 개도 없었다. 피고경정 조문은 사문화되고 있다.)
③ 검토
   i) 원고가 피고를 잘못 지정한 것이 증거조사를 통해서야 비로소 판명될 수 있는 경우라면 "피고를 잘못 지정한 것이 분명한 경우'라고 할 수 없으므로 판례의 태도가 정당하다.

당사자표시의 정정 단문 암기 2

89

(2) 규정에 없는 임의적 당사자변경의 허용
여부(=통상공동소송에서 당사자 추가 가부) /33-2/
1) 학설
  ① 긍정설 [당연소경]
    i) 다수설은 명문의 규정이 없더라도 이를 불허하면 소를 취하하고 다시 제소할 수밖에 없는데 이는 당사자의 편의와 소송경제에 반한다고 해 해석상 긍정한다.
  ② 부정설
    i) 긍정하면 경솔한 제소가 증가하고 절차불안과 소송지연을 초래한다고 한다.
2) 판례 [모두 불가]
  ① 원칙
    i) 당사자의 동일성이 유지되는 표시정정만 허용하고 임의적 당사자변경은 명문의 규정이 없는 한 허용하지 않는다.
    ii) 당사자표시정정신청을 한 경우 실질적으로 당사자가 변경되는 것은 허용할 수 없고 필수적 공동소송이 아닌 사건(=통상공동소송)에서 소송 중에 당사자(원고이든 피고이든)를 추가하는 것 역시 허용할 수 없다'고 한다.
  ② 표시정정이라고 해서 허용한 것
    i) 제소 전 사망한 자를 피고로 제소한 후 상속인으로 또는 상속제기한 제2순위 상속인을 제2순위 상속인으로 변경
    ii) 학교를 운영주체로 변경
    iii) 변경 전의 종중과 선후를 동일하고 실질적으로 동일 단체를 가리키는 것으로 보이는 종중이름으로 변경
  ③ 당사자의 실질적 변경을 가져온다고 해서 불허한 것
    i) 甲에서 乙로 변경

ii) 부재자재산관리인에서 부재자로 또는 회사를 그 대표 개인으로 또는 회사대표인 개인에서 회사로 변경
iii) 선조가 바뀌는 결과가 되는 종중명칭으로 변경
iv) 피고주식회사를 분할된 회사로 변경
3) 검토
  i) 법은 임의적 당사자변경이 허용되는 경우를 제한적으로 규정하고 있고 허용할 경우에도 그 요건을 엄격히 규정하고 있으므로 명문의 규정이 없는 임의적 당사자변경을 허용하는 것은 해석론의 한계를 넘어선 것으로 타당하지 않다.
4) 1990년 개정법
  i) 1990년 개정법은 '필수적 공동소송인의 추가'와 당사자교체의 하나인 '피고의 경정(원고의 경정 X)'을 규정했다.
  ii) 그렇다면 사안의 경우 피고경정이 허용되는지 검토한다.

(3) 피고경정 허용 여부 - 동일성과 무관
1) 피고경정의 의의
  i) 원고가 피고를 잘못 지정한 것이 분명한 경우에는 제1심 법원은 변론종결 시까지 원고의 신청에 따라 결정으로 피고를 경정하도록 허가할 수 있다. [제260조]
2) 피고경정의 요건
  i) 제1심에 계속 중이고 변론종결 전까지 해야 하며
  ii) 교체 전/후를 m론 소송물이 동일해야 하고
  iii) 피고가 본안에 대해 응소한 때에는 피고의 동의를 요한다. [제260조]
3) '피고를 잘못 지정한 것이 분명한 경우'의 의미
  ① 학설 [당연소경]

당사자표시의 정정 단문 암기 3

출력 및 인풋 예시 2

의약용도발명* /30/**

I. 의의 [용특물조약효발]
  i) 용도발명의 일종으로서 '특정물질' 또는 '물질을 조합'해 약리적인 효과를 발견한 발명을 말한다.

II. 발명의 성립성 인정 여부
 1. 문제점
  i) 발명이란 자연법칙을 이용한 기술적 사상의 창작으로서 고도한 것을 말하나 (2조1호)
  ii) 그런데 의약용도발명은 원칙적으로 '창작'이 아니고 '발견'에 불과한 바 발명의 성립성이 문제된다.

 2. 판례 [새속새용창]
  i) 의약용도발명의 성립성이 인정되기 위해서는 종래 물질로부터 새로운 속성을 발견하고 그 속성을 새로운 용도로 이용하는 과정에 창작적 요소가 존재해야 한다.
  ii) 이는 의약용도발명이 원칙적으로는 '발견'이나 예외적으로 '창작적 요소'가 있는 경우 특허법에 보호해 줄 가치가 있기 때문에 정의규정의 '창작'을 만족한 것으로 보아 발명의 성립성을 인정하는 것이다.

 3. 의약용도발명 - 미완성발명 관련 판례 [실화에실 약전명사 효데기실 대구기] /30-2/
  i) 이른바 실험의 과학이라고 불리는 화학발명이나 의약발명의 경우 예측가능성 내지 실현가능성이 현저히 부족해 그 약리기전이 출원 전 명확히 밝혀진 사정이 없는 한 그와 같은 '약리효과'가 있다는 것을 데이터가 기재된

실험례를 통해 기재하거나 이에 대신할 수 있을 정도로 구체적으로 기재해야만 발명이 완성(명세서 기재불비도 충족)되었다고 볼 수 있다고 판시했다. (2001후65)
  ii) '약리기전'이 출원 전 명확히 밝혀진 사정이라면 '효데기실 대구기' 기재 不要, 단, 언제나 약리효과는 기재해야 한다.
  iii) 일반적으로 기계장치 등에 대한 발명에 있어서는 특허출원의 명세서에 실시예가 기재되지 않더라도 발명의 구성으로부터 그 작용과 효과를 명확하게 이해하고 용이하게 재현할 수 있는 경우가 많으나 의약용도발명은 예측가능성 내지 실현가능성이 현저히 부족하므로 약리효과의 기재가 요구된다.

의약용도발명 단문 암기

논술형을 볼 때 유의할 점

✦

① 논술형은 만회가 가능하다

객관식은 출제방식과 함께 출제될 만한 내용이 어느 정도 예측할 수 있기 때문에 상대적으로 고득점이 나와야 합격권 안에 들 수 있습니다. 그리고 객관식에서의 킬러 문제는 보통 2개 선지에서 긴가민가 하도록 출제되므로 틀리면 다른 선지를 확실하게 알아도 배점은 0이 됩니다.

하지만 논술형은 암기는 기본이고 논리와 구성이 잘 짜인 답안이 요구되기 때문에 난이도가 높아 고득점을 받기도 어렵습니다. 응시자의 답안지 또한 모두 제각각입니다. 이 말은 반대로, 한 문제를 잘 쓰지 못해도 다른 곳에서 충분히 만회가 가능하다는 얘기입니다. 또한 논술형은 합격권 안에 들어오는 실력까지 갖추기 어렵지만, 합격권 내의 실력까지 한 번 갖춰 놓으면 안정적인 점수 획득이 가능합니다.

논술형은 암기가 제대로 안 되어 있거나 시험장에서 내용이 떠오르지 않아도 어떻게든 말을 만들어 그럴듯하게 답안지를 꾸릴 수 있으며 논점 누락이 없다는 전제하에 내용을 조금은 안 써도 합격에 큰 지장이 없습니다. 마지막으로 논술형은 전 과목이 대략 상위 30%만 나와도 합격에 충분한 점수를 얻을 수 있기 때문에 한 과목의 점수가 낮아도 다른 과목에서 충분히 만회가 가능합니다.

② 암기는 시험을 응시하는 '자격'에 불과하다

암기는 논술형에서 기본 중의 기본입니다. 툭 치면 줄줄 나올 정도로 외워야 비로소 논술형 시험을 응시할 '자격'이 생긴다고 보면 됩니다. 예를 들면 민사소송법에서 '대위소송'이 빈출이라면 '대위소송'이라는 키워드만 듣고 다음의 〈채권자대위소송 단문 암기 1,2〉에 있는 모든 내용이 입으로 줄줄 나올 정도로 암기해야 합니다.

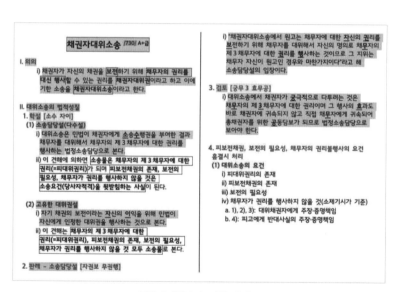

채권자대위소송 단문 암기 1

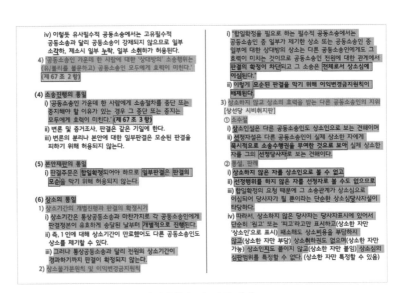

채권자대위소송 단문 암기 2

암기는 목차에서부터 세부 내용 순으로 이루어져야 합니다. 목차는 체계를 잡아 주는 기틀입니다. 주먹구구식으로 외우기보다는 다음의 기틀을 사용하면 암기는 훨씬 쉬워집니다. '대목차(파란색) → 중목차 (빨간색) → 소목차(주황색)…'를 먼저 암기하고 그 이후에 내용을 암기 하는 순으로 이루어져야 합니다. 목차 자체가 해당 목차 내 내용의 키 워드를 뽑아낸 것이므로 목차만 외워도 인풋이 어느 정도 되어 있다 면 내용을 서술하는 데 있어 수월합니다.

94쪽의 〈당사자표시의 정정 단문 암기 1,2〉 또한 파란색, 빨간색, 주

1. 당사자표시의 정정 제대

1. 보정과 관련해서 당사자로 확정되는 자
(1) 학설
1) 통설
 i) 공부상 기재에 비추어 당사자의 이름에 오기가 있음이 명백한 경우(=박종선 사건, 박용선 사건은 오기에 의해 보는 자가 아니라 그냥 오기일) 뿐만 아니라 당사자능력이 없는 자를 당사자로 잘못 표시한 것이 명백한 경우에도 오기에 준해 올바른 당사자능력자(실질적 당사자)가 당사자로 확정된다고 한다.
2) 소수설
 i) 당사자능력이 없는 자를 기재한 경우에는 당사자표시가 분명한 만큼 능력 없는 자(학교)가 당사자로 확정된다고 한다.

(2) 판례
 i) "소장에 표시된 당사자에게 당사자능력이 인정되지 않는 경우 소장의 전취지를 합리적으로 해석한 결과 올바른 당사자능력자로 확정되고"
 ii) 당사자능력이 없는 자를 당사자로 표시한 사건에서 "피고를 정확하게 표시하지 못하고 당사자능력이 없는 자를 피고로 잘못 표시한 것이라고 보아야 한다"라고 해 통설처럼 오기에 준해 당사자능력자를 당사자로 확정한다.

(3) 검토
 i) 통설, 판례에 의하자 능력자로의 보정이 표시정정이 되어 소수설보다 표시정정의 허용범위가 넓어지므로 원고에게 유리한 통설의 입장을 취한다.

2. 표시정정 가부
(1) 학설
1) 표시정정설(통설)
 i) 당사자능력이 실질적 당사자로 확정되므로 올바른 당사자능력의 보정은 동일성이 인정되는 표시정정이라고 한다.
2) 피고경정설
 i) 당사자능력이 없는 자가 피고로 확정되므로 당사자능력 있는 자로 바꾸면 동일성이 없는 피고의 경정이 된다고 한다. (이 견해는 판례가 학교를 피고로 보고 소가 부적법하다고 하면서 보정문제에서는 운영주체를 피고로 보는 것은 일관되지 않는 논리라고 비판한다.)

(2) 판례
 i) "개인이 설립, 경영하는 학교시설에 불과한 영남실업고등기술학교를 피고로 표시했다가 개인 명의로 피고표시를 정정하는 것은 당사자를 변경하는 것이 아니다"라고 해 표시정정이라고 한다.

(3) 검토
 i) 보정과 관련해 당사자능력자를 당사자로 확정한 이상 표시정정설이 타당하다.

3. 임의적 당사자변경과 피고경정 가부
(1) 임의적 당사자변경의 의의
 i) (당사자)표시정정에 의해 동일성이 인정되지 않는 새로운 사람을 당사자로 변경하면 임의적 당사자의 변경이 된다.

당사자표시의 정정 단문 암기 1

---

1. 고유필수적 공동소송 (993)

1. 의의
 i) 공동소송이 법률상 강제되고
 ii) 합일확정이 법률상 필수적으로 요구되는 소송이다.
 iii) 즉, '소송법상 소송수행권(당사자적격)'에 대응하는 '실체법상 관리처분권'이 여러 사람에게 공동으로 귀속하므로 소송수행에 있어서도 공동소송이 강제되고 합일확정이 요구되는 소송이다.

2. 심판 [연요자진판상] / [요심판상]
(1) 연합관계
 i) 필수적 공동소송은 공동소송인간 상호연합관계에 있으며 판결의 합일확정이 요구된다.
 ii) 따라서, 소송자료와 소송진행의 통일이 필요하다.

(2) 소송요건의 조사와 일부 당사자 누락의 경우에 보정
 i) 소송요건은 공동소송인 각자에 대해 조사하되
  a. 고유필수적 공동소송의 경우에는 1인에 대한 소송요건 흠결이 있으면 전원의 소를 각하하며
  b. 유사필수적 공동소송의 경우에는 그 흠결한 당사자의 부분만 분리하여 일부각하한다.
 ii) 고유필수적 공동소송의 경우에는 공동소송이 강제되므로 한 사람이라도 누락되면 당사자적격의 흠이 되어 각하된다. (따라서, 고유필수적 공동소송은 추가, 공동소송참가로 보정되어야 한다.)
 iii) 그러나 유사필수적 공동소송의 경우에는 공동소송이 강제되지 않으므로 한 사람이 누락되어도 각하되지 않는다.

(3) 소송자료의 통일
1) 내용
 i) '소송목적이 공동소송인 모두에게 합일적으로 확정되어야 할 공동소송의 경우에 공동소송인 가운데 한 사람의 소송행위는 모두의 이익을 위해서만 효력을 가진다.' (제 67 조 1 항)
2) 공동소송인 중 한 사람의 소송행위가 유리한 때에는 모두에게 효력이 있다.
 i) 공동소송인 중 한 사람이 상대방 주장사실을 부인하거나 증거제출 또는 항변한 경우 전원이 다투거나 증거제출, 항변한 것으로 된다.
 ii) 피고가 필수적 공동소송인인 경우에 한 사람이라도 응소한 경우에는 전원이 응소한 것이 되므로 원고의 소취하에는 피고 전원의 동의가 있어야 한다.
 iii) 공동소송인 중 한 사람이 출석하거나 기간(상소/재심기간)을 준수한 경우 다른 사람이 결석하거나 기간을 준수하지 않아도 불출석의 불이익(자백간주/취하간주)이나 기간도과의 불이익을 받지 않는다.
3) 공동소송인 중 한 사람의 소송행위가 불리한 때에는 전원이 하지 아니하면 효력이 없다.
 i) 따라서, 1인의 자백, 청구의 포기/인낙, 화해 등은 불리한 소송행위이므로 전원이 하지 아니하면 효력이 없다.
 ii) "고유필수적 공동소송에서는 원고들 일부(또는 1인)의 소취하 또는 피고들 일부(또는 1인)에 대한 소취하는 무효이다."
 iii) 그러나 유사필수적 공동소송에서는 일부의 또는 일부에 대한 소취하도 가능하다.

당사자표시의 정정 단문 암기 2

황색으로 목차를 크게 정리해 먼저 외웠고, 이후 내용을 외우는 순서로 진행했습니다.

핵심 키워드라거나 외워야 하는 부분은 색깔별로 밑줄을 칠하거나 박스를 표시하며 외웠습니다.

막상 저 내용을 암기하려고 하면 힘들고 부담스럽지만, 목차를 우선 암기하고 목차의 틀 안에 내용을 채워 넣는 식으로 암기하면 암기도 더 쉽고 답안지 작성 시 목차 구성도 훨씬 용이하게 됩니다.

③ 논술형에서의 핵심은 논점 추출이다

논점 추출은 논술형에서 가장 중요한 부분이므로 매일 공들여서 연습해야 합니다. 그리고 모든 논점은 문제 속에 있다는 것을 잊지 않아야 합니다.

논점 누락만 되지 않아도 사실 논술형에서는 합격에 부족함 없는 점수를 받을 수밖에 없습니다. 논점 누락을 하지 않았다는 의미는 일단 문제가 내포하고 있는 논점을 빠뜨리지 않았다는 말로, 문제의 출제 의도를 정확하게 캐치하고 있다는 의미며 그로 인해 답도 맞았을 확률이 높습니다. 또한, 다른 응시자의 많은 답안지가 보통 논점 한두 개씩은 누락하기 때문에 감점 없이 좋은 점수를 받을 수밖에 없습니다.

이론적으로 논점 추출의 방법을 설명해 드리는 것은 한계가 있으니 일단 논점 추출의 중요성만 강조하겠습니다.

먼저, 문제를 풀고 나서 내가 놓친 논점은 반드시 다음에 누락하지 않겠다는 마인드로 철저하게 내 것으로 만들고, 두 번째로는 같은 문제도 두세 번 정도 논점추출을 다시 하고 넘어가야 합니다.

논술형 풀이에서는 이 두 가지를 특히 강조합니다. 특히 어떤 문제에 대해 처음 논점을 추출할 때는 누락 없이 잘 됐다고 하더라도 두세 번 풀 때는 누락되는 논점이 나올 수 있습니다. 이런 문제는 내가 완벽하게 대응하고 있는 문제라고 볼 수 없습니다. 문제 당 최소 두세 번은 논점 추출을 해 보길 추천합니다.

④ 사례형 문제는 사안포섭으로 작성하자

논술형 시험의 목차에 있어 정답은 없습니다만 아래와 같은 흐름을 따르는 것이 보편적이면서도 가장 정답에 가깝습니다.

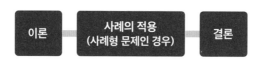

여기서 이론은 기본적으로 암기가 되어 있어야 하는 부분이고, 사례의 적용은 말 그대로 사례에 이론을 적용하되 문제의 지문과 추가적인 내용을 최대한 풍부하게 적어 주어야 하며, 마지막 결론은 문제의 답으로서 반드시 맞춰 줘야 합니다.

이론은 법 과목에서 조문과 판례를 의미합니다. 변리사 시험을 예로 설명하자면, 문제의 논점과 관련된 조문과 판례 및 과목에 따라 학설도 적어야 합니다. 조문과 판례, 학설은 위에서 말씀드렸다시피 툭 치면 줄줄 나올 정도로 암기하는 것이 기본이므로 논점만 잘 추출한다면 이론은 문제없이 적을 수 있습니다.

사례의 적용은 사례형 문제에 있어 흔히 '사안포섭'이라고 불립니다. 사안포섭은 문제에 제시된 사실관계를 이론, 법리, 개념 등에 대입하여 답안을 작성하는 작업입니다. 사례형 문제 풀이에서 핵심이 되는 과정이죠.

사안포섭에서는 문제에 주어진 사실관계를 모두 답안에 포함하는 것이 중요합니다. 이를 통해 출제자의 의도와 논점을 정확히 파악하고 채점 기준에 맞는 답안을 작성할 수 있습니다. 예를 들어, 상표권 침해 사례를 분석하는 문제에서는 사실관계를 이론, 법리 또는 법조문 등에 적용하여 침해 여부를 검토하는 것을 의미합니다.

이 사안포섭은 이론보다 비중을 더 높여서 적는 것을 추천합니다. 출제자는 사실상 '응시자는 이론은 기본으로 알고 있다'라는 가정하에 이론을 사례에 잘 적용하여 풀어 낼 수 있는가를 보고 싶기 때문에 채점에 있어 이론은 큰 비중을 차지하지 않을뿐더러 채점자가 유심히 보는 부분도 아닙니다.

사례의 적용 중 가장 기본은 문제의 지문을 최대한 모두 끌어와 답안지에 적는 것입니다. 이와 동시에 사례와 관련된 내용을 자기 생각과 추측을 토대로 조금만 더 가미한다면 좋은 점수를 받을 수 있습니다.

많은 수험생이 '문제에 있는 것은 이미 나와 있는 거니까 답안지에 굳이 반복해서 적을 필요가 없겠지', '채점자도 문제에 있는 것을 알고 있겠지'라는 생각으로 문제지에 나와 있는 내용은 답안지에 적지 않는데 이는 크게 잘못된 생각입니다. **사례형 문제에서 출제자는 문제에 나와 있는 사실관계를 기초로 응시자에게 문제를 풀라고 준 것이며 응시자는 사실관계를 답안지에 모두 녹여 내면서 사실관계에 맞는 이론을 적용해야 합니다. 그리고 출제자는 절대로 문제의 내용을 안다는 전제하에 채점하지 않습니다.**

다시 말하면, 문제의 내용은 출제자가 답안지에 쓰라고 떠먹여 주는 건데 이를 적지 않으면 안 먹겠다고 뿌리치는 것과 다름없습니다.

다음의 기출문제는 21년 변리사 2차 상표법 시험 3번 문제로서 대표적인 사례형 문제입니다. 따로 하이라이트를 표시할 필요가 없을 정도로 문제지에 있는 모든 내용을 답안지에 사안포섭으로 적어야 합니다.

짧게는 1~2문장으로 끝나는 부분이지만 답은 반드시 맞춰야 하며 답이 틀린다면 결론의 비중과 분량이 적은 것에 비해 상대적으로 감

21년 변리사 2차 상표법 대표적 사례형 문제

【문제-3】(30점)

甲은 캐주얼 의류를 제조 및 판매하는 디자이너로서 상표 'Crocodile(이하 '등록상표'라 한다)'의 상표권자이고 이 등록상표의 지정상품은 '의류, 신발, 가방'이다.

甲은 최근 다른 의류 브랜드 개발에 매진함에 따라 등록상표가 부착된 제품에 신경을 쓰지 못할 것이 염려되어 이 브랜드의 명성이 공백없이 이어져 가기를 기대하며 사업 차 알고 지내던 후배 디자이너 乙에게 2015년 1월부터 이 등록상표에 대한 전용사용권을 설정하여 생산과 판매에 대한 총 책임권한을 부여하였다.

甲은 乙에게 '브랜드 사용설명서 및 주의사항'이라는 제목으로 동일한 범위 내에서 정당하게 사용할 것을 당부하는 취지의 지침을 이메일로 보내 이를 준수해 줄 것을 당부하였으며 가끔 시간이 날 때마다 乙이 운영하는 공장에 들러 등록상표를 부착한 생산품을 둘러보는 등의 관리를 하였다.

한편, 丙은 '의류, 신발, 가방'을 지정상품으로 하는 'Crocodile(이하 '대표상표'라 한다)'의 상표권자이다. 丙의 상표 대상상표는 전국적으로 수요자의 연령층을 가리지 않고 주지·저명할 정도는 아니지만 현재를 기준으로 특정인의 상품출처로서 인식되었다고 볼 정도의 인지도를 가지고 있다.

----

(1) 등록상표의 전용사용권자 乙은 丙의 상표가 존재한다는 사실은 모른 채 2015년 3월부터 '의류, 신발, 가방' 등에 'Crocodile(이하 '실사용

상표'라 한다)'의 형태로 문자 부분은 의류, 신발, 가방의 색깔과 동일하거나 매우 유사한 색으로 구성하고 악어 도형 부분은 대비되는 색깔로 구성하여 문자 부분에 비하여 두드러지도록 사용을 하다가 최근 문제가 될 여지가 있다는 전문가의 자문을 받고 2020년 6월부터 사용을 중단하였다. 이와 같은 상황에서 丙은 乙이 자신의 상표와 유사하도록 정당하지 못한 형태로 사용한다는 것을 이유로 甲을 상대로 상표법 제119조 제1항 제2호의 상표등록 취소심판을 청구하였다. 이 심판의 결과를 논하시오. (20점)

점이 크게 될 가능성이 높습니다. 아무리 답안지를 잘 썼어도 결론이 틀린다면 그 이전의 답안지까지 인상이 안 좋아지는 것이죠.

참고로 결론 위주로만 채점하는 분들도 계시는 것으로 알고 있습니다. 사실 결론이 틀리면 이미 앞의 답안지에서 논점이 이탈되거나 산으로 갔을 가능성도 있습니다. 정말 잘 적은 답안지라 하더라도 '기각'을 '각하'로 적거나 '인용'을 '일부 인용' 등으로 잘못 적는 경우가 있다는 점을 유의하며, 결론까지도 정확하게 적을 수 있도록 해야 합니다.

⑤ '풀답안'으로 연습하지 말자

많은 수험생이 논술형을 공부할 때 '풀답안' 방법으로 연습을 합니다. 풀답안은 시간 내에 처음부터 끝까지 답안을 완성하는 연습 방식을 말합니다. 답안 장석 연습을 통해 논점 추출, 목차 구성, 시간 관리,

가독성 개선 등의 훈련을 할 수 있죠. 하지만, 논술형에서 공부할 때 '풀답안'으로 작성하는 것을 추천하지 않습니다.

그 이유로는 암기가 제대로 됐다는 가정하에 목차만 일정 시간 내에 잘 잡는다면 답안지 작성은 기계적으로 나올 수밖에 없습니다. 또한 아무리 실전과 유사한 환경을 마련했다고 하더라도 실전과는 다를 수밖에 없습니다. 시험장에서는 자신도 경험하지 못한 엄청난 초인적인 힘이 나오는 것과 동시에 자신도 모르게 욕심이 들어가면서 분량 조절에 실패하는 경우도 종종 나오기 때문입니다.

많은 수험생이 연습보다 실제 시험에서 훨씬 많은 분량을 작성합니다. 저 또한 시험 공부할 때는 한 번도 작성해 보지 못한 분량으로 답안지를 제출했습니다. 객관식은 시험시간이 1시간이면 45분 정도에 맞춰서 푸는 연습을 하면 되지만 논술형은 한 자라도 더 써야 하므로 시간을 줄여서 연습하는 것은 큰 의미가 없다고 생각합니다. 따라서 논술형은 목차를 시간 내에 논점 누락 없이 정확하게 잡는 연습을 주로 하고 풀답안은 시험시간에 맞춰 감을 유지하는 차원에서만 간간이 하는 것을 추천합니다.

논술형 시험에서는 풀답안을 작성하는 연습보다는 오히려 돌발적인 상황이나 긴박한 상황에서의 순간적인 상황 대처가 필요합니다.

예를 들면, '시간이 별로 남지 않았으니 이것은 생략하자', '이 부분은 시간이 없으니까 한 문장으로 줄이자', '마지막 문제인데 앞 문제에서 시간을 많이 썼으니 목차만 잘 잡고 내용은 최대한 압축해서 쓰자', '정 안되면 마지막 문제는 답만 쓰자' 등의 순간적인 판단과 결단이 매우 중요하며, 그만큼 마인드 컨트롤이 중요합니다.

⑥ 논술형에서 글씨체는 중요하다

글씨 때문에 고민하는 사람이 많죠. 글을 쓸 때는 필속을 조금 줄이더라도 가독성 있는 답안지를 작성하는 것이 점수 획득에 있어 중요합니다. 글씨 하나하나는 괜찮지만 전체적으로 가독성이 안 좋거나 반대로 글씨 하나하나는 별로인데 전체적으로 봤을 때 가독성이 괜찮은 답안지들이 있습니다.

여러분이 채점하는 사람이라면 동일한 내용이 적혀 있다고 할 때, 103쪽의〈논술형 글씨체 1〉과 104쪽의 〈논술형 글씨체 2〉 중 어느 답안지에 점수를 더 줄 것 같나요?

채점자도 사람입니다. 굉장히 정성 들여 채점할 것 같지만 기본적으로 채점자분들은 채점자로 선정되실 만큼 높은 분들(보통 교수님들)이고 지위가 높은 만큼 일이 아주 많으신 분들입니다. 더군다나 채점자에게 주어진 채점 시간은 그리 넉넉하지 않습니다. 한 채점자께서

(1) 항고제기에 부적법한 사정은 없다.

(2) 제1심판결 적부.

1) 확인의 이익 여부.

① 判例는 국가가 당사자을 다투는 경우 국가 상대 으로권학인의 그 학인의 이익 인정한다.

② 그 임야에 대한 그는 대장명의 없어 다투지 않아도 학인의 이익 있다, 국가가 다투는 바 당연히 학인의 이익 인정된다.

ⅱ) 시효취득의 항변이 인정되는 경우.

① 判例는 시효취득의 항변이 인정되는 경우, 원고는 등기 이전의무을 부담하는데 그 학인의 그를 제기하는 것은 인정되지 않다고 한다.

② 甲은 국가에게 시효취득 의해 소유권 이전 의무가 있는데 국가에게 학인판결을 요하는 것은 신의칙에 반한다 → 대항하그각 無 그의 이익이 없다→

⊕ 부적법한 그이다.

③ 1심판결 (취소기각) 은 부당하고 각하판결해야한다

(3) 항소심은 1심판결 취소해야야 하는 바, 항소기각판결 부당하다

3. 사안성의 를 처리.

① 항소심 항고각판결 파기하고, ② §437 (1)조서 재판상에의 소부하 바 ③ 제1심판결 취소, 각각하판결한다

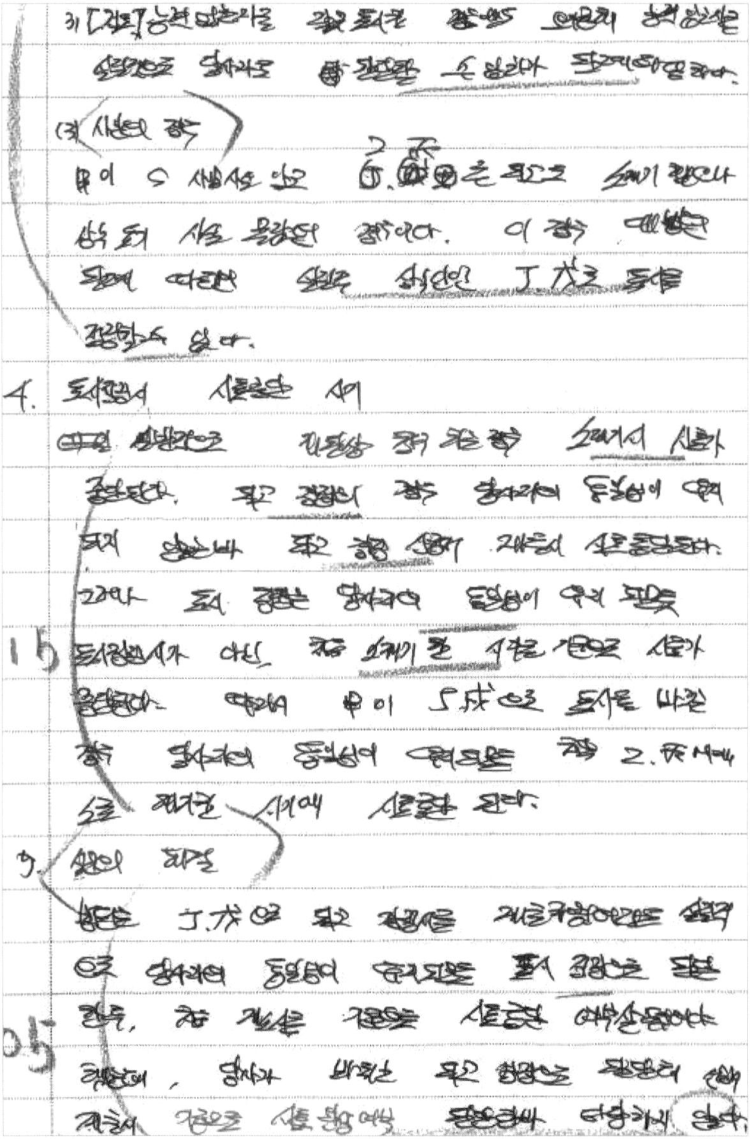

논술형 글씨체 2

는 채점하다가 백지 답안지가 나오면 아주 좋아한다고 합니다.

104쪽의〈논술형 글씨체 2〉처럼 가독성이 나쁘면 채점자는 글씨를 알아보는 데 노력과 수고가 배로 들어가 채점에 시간을 더 들여야 하므로 힘들고 짜증이 밀려옵니다.

대부분 논술형 채점에서 채점자는 왜 그 점수를 줬는지 구체적으로 적을 필요도 없을뿐더러 실제로 물리적으로도 모든 문항마다 득점과 감점 이유를 적는 것은 불가능하기 때문에 가독성이 좋지 않다면 같은 내용을 적었다고 해도 채점자가 점수를 낮게 줄 가능성이 매우 농후합니다.

만약 자신이 장수생인데 가독성이 좋지 않다는 얘기를 많이 들었다면 공부도 공부지만 그보다 가독성을 늘리는 것을 우선으로 고려해 볼 필요가 있습니다. **가독성을 늘리는 것이 기본서 한 자라도 더 보는 것보다 점수를 조금이라도 더 획득할 가능성이 높기 때문입니다.**

106~107쪽의〈논술형 글씨체 3,4〉는 글씨 하나하나를 보면 글씨를 엄청나게 잘 쓴다고 볼 수는 없지만, 답안지를 전체적으로 읽는 데 크게 무리가 없습니다.

본인의 글씨체가 예쁘지 않더라도 가독성을 올리는 데 초점을 두고

Ⅱ. 이송 (이) 약관으로 3.16

1. 문제의 소재 - 변론관할의의 (제30조)
수원지방법원은 본소송에 대해 관할권이 없으나
피고 甲이 제1심법원에서 관할위반이라고 항
변하지 않고 본안에 대해 변론을 하면 관할
권을 가지게 된다. 이들 항 제1심법원은 관할
위반의 문제가 없는다. 항소심에서 단계 352
에 따른 이송이 가능한지 살펴본다.

2. 손해나 지연을 피하기위한 이송

(1) 의의
법원은 현저한 손해나 지연을 피하기위해 직권 또는
당사자 신청에 따라 소송을 다른 관할법원에
이송할수 있다.

(2) 요건
① 현저한 손해
일반적으로 피고의 소송수행상부담을 말하지만, 원고의
손해도 도외시 하여선 안된다. 통설의문제이다.

② 신청요건이다.

② 현저한 지연
법원이 사건을 처리함에 있어 증거조사 등에 사건이
많이 소요됨을 의미하며, 공익적 요건이다.

③ 전속관할이 정하여진 수의 경우에는 본 조항이

권리를 보호해야 하는 새로운 권리요구여서 있어 재소금지

효력을 받지 않는다 할 것이다. 가/나

3. 설문의 해결

乙은 X가 패소판결 받은 후 소제기한 뒤 소규 토지 소유권

을 양수받은 특정승계인이지만 새3로 권리요구여서 있어

동일한 土토지 소송목적 'L토지소유권에 기한 L건물철거'를 Y에게

청구해도 재소금지 효력을 받지 않아 소는 적법하다.

(15)

Ⅱ. 설문 2-(1) 8.5/13

1. 문제의 소재

화해조서는 확정판결과 동일한 효력이 있다.(제220조) 사안의 경우

화해조서와 그후 존이 제기한 소가 기판력에 저촉되는거과 관련

하여 문제되는데, 그전에 화해제소 전과후의 법적성질과

실체법상 하자가 있는 경우도 기판력이 작동하는지가 문제된소.

2. 제소 전화해의 법적성질

(1) 학설

(i)순전 소송행위설은 제소 전 화해를 소송행위로 본다. (ii) 양성설

은 당사자 간에는 사법적 효력이, 법원에 대해서 소송행위적 효

력이 있다는 견해이다.

(2) 판례

본인의 전체적인 답안지의 가독성을 계속해서 끌어올리는 식으로 보완해 나간다면 술술 읽히는 답안지를 작성할 수 있을 것입니다.

다시 한번 말하지만, 점수가 올라가지 않거나 오히려 낮아지고 있다면 자신의 글씨체를 한 번 점검해 보세요. 글씨체 때문에 가독성이 떨어져 점수가 낮아질 수도 있습니다. 자신만의 가독성 좋은 글씨체를 만들어 논술형을 연습해 보는 것을 추천합니다.

> **✅ Key Point**
>
> 논술형 시험은 암기, 논점 추출, 목차 구성, 시간 분배, 가독성 있는 답안 작성이 모두 요구되는 고난도 유형으로, 암기와 논점 누락 방지 연습이 합격의 핵심입니다.

항아리 공부법

- 합격하기에 충분한 범위, 반복 학습, 내용 이해와 체계적 정리를 모두 모아 항아리 공부법이라고 한다.
- 단순히 공부에 시간을 들이는 것이 아닌 명확한 목표와 전략으로 효율적인 성과를 내는 공부법이다.
- 항아리의 물은 시험 날까지 적당하게 채워져 있어야 한다.
- 부족함 없는 항아리의 크기가 만들어지고 물이 넘치려고 할 때 시험을 응시하면 합격할 수 있다.

09

암기를 잘하는 법은 따로 있다

3~4회독이 끝났으면 아웃풋과 인풋을 반복하면서 항아리의 크기를 늘리고, 항아리에 계속해서 물을 채워 넣어야 합니다. 그리고 시험 직전에는 항아리에 물이 넘실넘실한 상태에서 시험을 봐야 합니다.

하지만 시험 과목의 분량이 많기 때문에 인풋과 아웃풋이 어느 정도 반복되면 내 머릿속의 인풋들이 뒤죽박죽 엉키게 됩니다. 마치 내 방 안에 있는 물건들이 제자리를 못 찾고 이리저리 흩어져 있는 것과 같습니다. 또한 여러 비슷한 개념들이 중첩되면서 개념들이 헷갈리기도 하고 오개념이 발생하기도 하죠. 여기서 오개념은 내용 자체를 잘못 이해하거나 잘못 암기한 개념을 의미합니다. 실제로는 잘못 알고 있지만 자신은 제대로 알고 있다고 생각하기 때문에 오개념은 항상 주의해야 합니다.

올바른 정리는 머릿속에 흩어져 있는 조각들을 체계적으로 분류하여 그로 인해 조각을 빠르게 맞출 수 있게 해 줍니다. 물건의 위치를 정해 주고 물건을 그 위치에 놓음으로써 나중에 물건이 어지럽혀져 있어도 빠른 시간 내에 물건들을 정리할 수 있는 과정이라고 보면 됩니다.

정리가 잘 되면 내 머릿속에 촘촘한 그물망이 형성되기 때문에 암기도 잘되고 암기한 내용을 쉽게 잊어버린지 않게 됩니다. 설령 잊어버린다고 해도 복구하는 데 시간이 얼마 걸리지 않습니다. 즉, 항아리의 구멍도 줄어들고 항아리에 물을 붓는 속도 또한 올라가게 되는 것입니다.

이러한 정리는 주기적으로 또는 머릿속이 복잡하거나 인풋을 해도 이해가 잘 되지 않는다고 느껴질 때 필요한 부분을 정리하면 됩니다. 그러면 구체적인 정리법을 소개하겠습니다.

개요(목차)

앞에서 말씀드렸다시피 논술형에서 목차 암기는 필수지만 객관식, 주관식에서는 그 중요도가 상대적으로 떨어집니다. 하지만 객관식, 주관식에서도 과목의 전체를 관통하는 목차를 숙지하고 정리한다면 과목의 이해도가 올라감은 물론이고 내 머릿속의 조각을 분류하고 정리할 수 있게 됩니다.

암기까지는 필요 없습니다. 가장 바람직한 것은 공부하면서 자연스럽게 목차가 외워지는 것이지만 목차의 암기 여부는 시험의 당락에 직접적이지는 않습니다.

추천하는 방법은 세 가지가 있습니다. 첫 번째로, 책의 대목차를 베이스로 두어, 대목차 내의 소목차를 인출(아웃풋)을 하고 빠뜨린 것은 없는지 확인(인풋)하는 방법입니다. 두 번째는 소목차 내의 개념 및 이

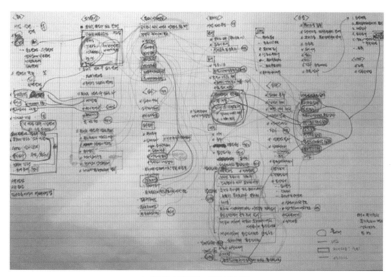

노트에 정리한 개요(목차)

파일에 정리한 개요(목차)

론에서 파생되는 개념을 한 번씩 떠올려 보는 방법이며, 마지막으로는 가볍게 목차를 한 번 쭉 훑어보는 방법이 있습니다.

112쪽의 〈노트에 정리한 개요(목차)〉는 대목차를 베이스로 두어 소목차를 인출하고 빠트린 것이 없는지 확인한 사진입니다. 인풋이 많은 상황에서 인풋과 소목차들을 연결 지어 보면 어렴풋하거나 헷갈렸던 개념이 명쾌하고 선명하게 들어오는 경우가 있습니다. 이 방식으로 정리한다면 아리송했던 개념들도 확실히 이해할 수 있습니다.

위의 〈파일에 정리한 개요(목차)〉는 노트에 정리한 것을 토대로 목차를 한 눈에 볼 수 있도록 정리한 것입니다. 가볍게 목차를 한 번 쭉 훑어보기 좋으며, 이 방법으로 전체적으로 시험 내용을 검토할 수 있습니다.

프로세스(과정, 절차)

한국사나 절차법인 특허법, 민사소송법 등 <u>과정과 절차의 흐름 순으로</u> <u>서술되는 과목은 그 과정과 절차를 확실하게 숙지해 놓는 것이 아주 중요합니</u> <u>다.</u> 그 과정과 절차를 타임라인이나 표를 이용해 한 번에 그치지 않고 여러 번 반복해서 정리해 놓는다면 이해도를 높임과 동시에 암기에 있어 큰 도움이 됩니다. 다음의 〈프로세스를 정리한 법 내용〉은 국제 등록의 과정을 타임라인으로 정리한 사진입니다.

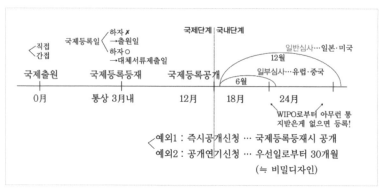

프로세스를 정리한 법 내용

개념 비교

공부하다 보면 혼동되는 개념이 정말 많아 개념 비교를 하는 것은 매우 중요합니다. 예를 들어, 변리사 시험에서는 특허법, 상표법, 디자인보호법 간 절차와 규정이 겹치는 것이 많을뿐더러, 한국사 시험에서는 선사시대, 삼국시대, 고려시대, 조선시대 등 비교할만한 개념이 아주 많으며, 수학에서는 2차 곡선 내 타원, 포물선, 미적분, 영어 문법에서는 to부정사와 동명사 등… 거의 모든 과목에서 비교할 수 있는 개념이 정말 많습니다.

이러한 개념들을 확실하게 정리해 놓는다면 오개념도 막아 줄뿐더러, 이해도 또한 높여 항아리 구멍의 크기를 줄여 줄 수 있습니다.

개념 비교에 있어서 가장 많이 사용되는 도구는 표입니다. 하지만 개인적으로는 표를 인풋하는 건 가시성이 떨어지고 줄글을 보는 것보다 힘들어서 표를 직접 만들어 정리해 나가는 방법을 많이 썼습니다. 116쪽의〈개념 정리한 내용 1,2〉는 한 눈에 보아야 이해하기 쉬운 개념들을 정리한 사진입니다. 이 때 유의할 점은 공통점이 많은 개념들은 차이점 위주로 정리하고, 그 반대라면 공통점 위주로 정리해야 더욱 수월하게 외울 수 있습니다.

117쪽의〈개념 정리한 내용 3,4〉는 직접 표를 만들어 정리했습니다. 문제집에 있는 표를 그대로 적는 것도 좋고 자신만의 방식으로 표

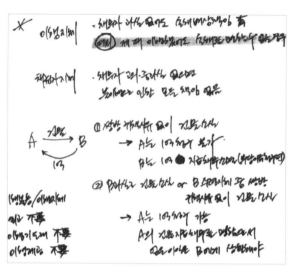

개념 정리한 내용 1

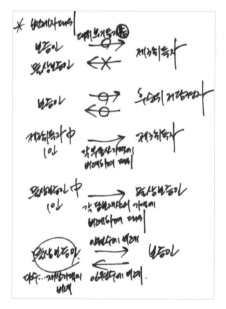

개념 정리한 내용 2

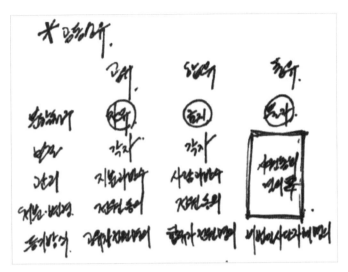

개념 정리한 내용 3

개념 정리한 내용 4

117

를 적어도 괜찮습니다. 그저 암기하기 더 쉬운 것으로 표를 만들어 외우면 됩니다.

이런 식으로 개념 정리를 할 때는 날을 정해 두고 이 부분은 내가 오늘 완벽하게 정리해서 확실하게 알고 넘어간다는 마음으로 했습니다. 이 부분을 정복하다시피 해서 더 이상 헷갈리거나 혼동하지 말자는 다짐으로 정리한 것이 큰 도움이 되었습니다.

> **✔ Key Point**
> 효과적인 암기는 머릿속 지식을 체계적으로 정리하고, 목차 암기, 절차 숙지, 개념 비교 등을 통해 혼동과 오개념을 줄이며 반복 학습으로 이해도를 높이는 데서 시작됩니다.

10

쉽게 외우면
쉽게 잊혀진다

모든 시험이 그렇듯이 제가 준비했던 변리사 시험도 암기의 양이 방대했습니다. 어느 정도 회독이 이루어지고 이해도 됐으니 암기를 하긴 해야겠는데… 이 많은 양을 어떻게 다 외울까 정말 고민이 많았습니다. 방향성(효율성)을 중요시하는 저였기에 암기에 본격적으로 돌입하기 전 온갖 경로를 통해 좋은 암기법이 없는지 찾아보았습니다. 인터넷 검색은 물론이거니와 대학교 커뮤니티, 책 등 찾아볼 수 있는 것은 다 찾아봤습니다.

무언가 좋은 암기법이 있겠지 하며 지푸라기 잡는 심정으로 쥐잡듯이 찾아보았지만 결국 저는 세 가지를 결론 내었습니다.

첫 번째, 좋은 암기법이란 것은 없습니다. 두 번째, 암기는 매우 고통스러운 작업입니다. 세 번째, 암기는 오직 반복만이 답입니다.

책을 통째로 외울 수만 있다면 얼마나 좋을까요. 하지만 책을 이미지 그대로 암기하는 엄청난 천재 중의 천재가 아니라면 암기법은 단 하나, 정도의 길밖에 없습니다.

정도의 길이란 결국은 아웃풋의 반복입니다. 우리의 뇌는 받아들이는 정보를 모두 저장하기에 용량이 부족합니다. 우리가 힘을 들여 반복적으로 뇌를 써가며 암기하려고 하지 않는 이상 이 정보는 단기 기억이라 판단하고 망각합니다.

뇌를 써가며 반복적으로 되뇌는 정보는 뇌에서 장기 기억이라고 인식하고 '화학적 변화'를 일으킨다고 합니다. 뇌에서 화학적 변화가 일어나다니, 뇌를 쥐어짜고 또 쥐어짜 화학적 변화가 일어난 것이 아닐까요.

암기가 안 된다며 자책하는 수험생이 많을 겁니다. '방금 본 건데', '아까 본 건데', '몇 번이나 본 건데 이걸 또 까먹네…' 자신을 스스로 자책합니다. 하지만 이는 지극히 정상입니다. 암기법을 검색했을 때 알게 된 것 중 하나가 모든 사람이 암기를 힘들어하고 부담스러워하고 피하고 싶어 한다는 것입니다. 저는 몇백 번을 봐도 암기가 안 될 때도 많았습니다. 암기는 그저 한 번이라도 더 보고 한 번이라도 더 현출해

내는 방법밖에는 없습니다.

명심하세요. 암기는 정도의 길밖에 없습니다. 암기는 정말 죽을듯이 괴롭고 힘듭니다. 그리고 합격하기 위해서는 암기를 피할 수 없습니다. 저도 수십 번, 수백 번 외우고 또 외워도 끝까지 안 외워졌지만, 결국 수많은 노력이 보상으로 돌아와 변리사 시험에 합격했습니다.

현출 암기법

암기는 쉽게 외우면 쉽게 잊혀지고 어렵게 외우면 어렵게 잊혀집니다. 한 번만 보고 외울 수 있다면 너무 좋겠지만 현실은 녹록지 않습니다. 몇 번 보고 외우려는 생각은 지나친 욕심입니다. 수십 번, 수백 번 머릿속에서 꺼내는 그 고통스러운 시간과 과정들을 이겨 내야 비로소 우리 머리에 내용들이 새겨지게 됩니다.

암기는 눈으로 보고 외우는 것이 아니라 반드시 뇌로 현출하면서 외워야 합니다. **현출이란 기억하려는 내용을 단순히 눈으로 반복적으로 보는 것이 아니라, 머릿속에서 능동적으로 끄집어내어 생각하거나 떠올리는 과정을 의미합니다.**

눈으로 보고 외우는 것이 현출하는 것보다 훨씬 쉽기 때문에 많은 수험생이 눈으로만 보고 외우려고 합니다. 외웠다고 하더라도 외운 내용은 뇌에서 쉽게 잊혀져 시간 투자 대비 효율성이 매우 좋지 않습니다. 시간은 시간대로 투자하는데 암기한 건 없는 상황이 발생하는 것입니다. 제가 학창 시절에 성적이 썩 좋지 않았던 이유는 바로 이 현출을 회피하고 눈으로만 보는 편함만을 추구했기 때문입니다. 짧은 시간을 들이더라도 고통스럽게 뇌로 현출하는 것이 암기도 잘되고 효율성도 좋습니다.

두문자 암기법

두문자 암기법은 각 항목의 첫 글자를 따서 조합하는 암기법입니다. 가능하다면 두문자는 암기가 꼭 필요한 곳에만 적재적소에 쓰는 것을 추천합니다. 개인적으로 두문자는 몇십 번 외워도 끝까지 외워지지 않는 경우가 많아 아주 중요한 판례를 외우는 데에만 활용했습니다.

두문자는 암기를 위한 목적도 있지만 주된 목적은 핵심 단어를 누락하지 않는 것에 있습니다. 두문자는 두 번의 암기 과정을 거쳐야 합니다. 일단 두문자를 외우는 것이 첫 번째고 그 두문자에 대한 핵심 단어를 다시 한번 외워야 비로소 암기가 끝나게 되는 것입니다.

두문자는 외웠는데 '무슨 키워드였지?' 하고 막혔던 경험이 있을 겁니다. 예를 들면, 민법에서 자주 나오는 '법률행위의 효력 요건'을 암기할 때 '의가무적'이라는 두문자를 사용할 수 있습니다. 여기서 '의'는 의사표시의 존재, '가'는 그 내용의 가능성, '무'는 무효사유의 부존재, '적'은 적법한 절차를 의미합니다. 처음에는 '의가무적'이라는 두문자를 열심히 외웁니다. 하지만 '의가무적'에서의 각 문자가 어떤 의미인지 떠올리지 못한다면 두문자는 무용지물이 됩니다.

다시 말해, 두문자를 잘 활용하지 못한다면 두문자는 암기를 줄여주기는커녕 암기해야 할 것을 늘리는 역할을 할 수도 있습니다. 두문자는 정말 중요한 판례나 내용에 두 번의 암기 과정을 거칠만한 가치가 충분하거나, 논술형에 있어서 누락되어서는 안 될 핵심 키워드를 빠뜨리지 않기 위해서만 사용하는 것을 추천합니다. 또한, 두문자의 암기만으로도 쉽게 키워드를 떠올릴 수 있는 내용이라면 두문자로 외

(3) 판례
 1) 공동의 이해관계의 의미 [공소관 주공공 종종없 권의원]
  i) "공동의 이해관계란 다수자 상호간에 **공동소송인**이 될 **관**계에 있고 또 **주요**한 **공격방어방법**을 **공통**으로 하는 것을 의미하므로 다수자의 **권리/의무**가 동**종**이며 그 발생**원**인이 동**종**인 관계에 있는 것만으로는 공동의 이해관계가 있는 경우라고 할 수 **없다**"라고 한다.

두문자 암기법으로 정리한 판례 내용

진보성 *** /119/

I. 의의 [진미당용]
　i) 진보의 정도가 미미하고 당업자에게 용이한 발명은 등록받을 수 없다. (29조 2항)

II. 취지 [산비누]
　i) 특허법은 산업발전에 이바지함을 목적으로 하는 바 비약적이고 누진적인 발명만을 보호하기 위함이다.

III. 진보성의 판단
　1. 주체적 기준
　　i) 심사관
　　ii) 심판관
　　iii) 법관

　2. 객체적 기준
　　(1) 심사기준
　　　i) 국내 통상의 기술자를 기준으로 청구범위에 기재된 발명과 공지된 선행기술(29조 1항 각 호, 미완성발명 포함)을 비교해 구성의 곤란성, 목적의 특이성, 효과의 현저성이 있는지 여부를 기준으로 판단한다.

　3. 시기적 기준
　　i) 출원시

　4. 지역적 기준
　　i) 국내 통상의 기술자를 기준으로 한다.

IV. 진보성 판단방법 /122-2/
　1. 진보성 판단의 전제 /120/
　　(1) 판례
　　　i) 진보성은 신규성이 있음을 전제로 하는 것으로서 공지기술에 비해 새로운 것인가의 신규성 문제와 공지기술로부터 용이하게 생각해 낼 수 있는 것인가의 진보성 문제는 구별되어야 하고 진보성 판단을 위해서는 먼저 신규성 판단이 선행되는 것이 순서라고 판시했다. (91 마 540)

　2. 일반적 판단방법
　　(1) 심사기준 [동창효]
　　　1) 인용발명의 내용에 통상의 기술자의 입장에서 출원발명에 이를 수 있는 '동기'가 있는지 여부 [시기작과제]
　　　i) 인용발명의 내용에 출원발명에 대한 시사가 있는 경우,
　　　ii) 기능, 작용이 공통되는 경우,
　　　iii) 해결해야할 과제가 공통되는 경우,
　　　iv) 기술분야의 관련성이 있는 경우에는 인용발명으로부터 출원발명에 이르게 되는 동기가 있는 것으로 판단할 수 있으며 이 경우 출원발명의 진보성을 부정할 수 있다.
　　　2) 인용발명과 출원발명의 차이가 통상의 기술자가 가지는 '통상의 창작능력 발휘'에 해당하는지 여부 [일생 용변한 공일적 균 구설]
　　　i) 일부 구성요소의 생략,
　　　ii) 단순한 용도의 변경·한정,
　　　iii) 공지기술의 일반적인 적용,
　　　iv) 균등물에 의한 치환,

두문자 암기법으로 정리한 진보성 내용 1

---

　v) 기술의 구체적 적용에 따른 설계변경 등의 경우 통상의 지식을 가진 자에게 용이한 것으로 판단할 수 있으며 이 경우 출원발명의 진보성을 부정할 수 있다.
　　3) 인용발명에 비해 '더 나은 효과'가 있는지 여부

　　(2) 판례 [출기차극십]
　　　i) 특허출원 당시의 기술수준에 비추어 진보성 판단의 대상이 된 발명이 선행기술과 차이가 있더라도 통상의 기술자가 그러한 차이를 극복하고 선행기술로부터 쉽게 발명할 수 있는지를 살펴보아야 한다. (2014 후 2184, 2016 후 1840 등)

　3. 인용발명 인용시 고려사항 [동기 자조 동분 미파 사고]
　　i) 인용발명 내에 출원발명에 이를만한 동기가 있는지 고려하고
　　ii) 그것이 통상의 기술자에게 자명하다면 2 이상의 문헌을 조합해 판단할 수 있으며
　　iii) 과제해결의 동일성이 있다면 상이한 기술분야의 선행기술도 인용할 수 있고
　　iv) 미완성발명으로서 표현이 부족하더라도 통상의 기술자가 경험칙에 의해 극히 용이하게 기술내용의 파악이 가능하다면 인용발명으로 삼을 수 있다.
　　v) 명세서에 개시되어 있는 기술내용을 알고 있음을 전제로 사후적 고찰을 하면 안된다.

　4. 제시된 선행문헌을 근거로 하는 진보성 판단방법 /135-2/
　　(1) 판례
　　　i) 인용발명을 근거로 어떤 출원발명의 진보성이 부정되는지를 판단하기 위해서는 진보성 부정의 근거가 될 수 있는 일부 기재만이 아니라 그 인용발명 전체에 의해 통상의 기술자가 합리적으로 인식할 수 있는 사항을 기초로 출원발명과 대비해 판단해야 하며 위 일부 기재 부분과 배치되거나 이를 모순실화해야 하는 '다른 인용발명'이 제시된 경우에는 그 내용까지도 종합적으로 고려해서 통상의 기술자가 해당 출원발명을 용이하게 도출할 수 있는지를 판단해야 한다 (2013 후 2873)

　　(2) 검토
　　　i) 생각건대, 진보성 판단에 있어서 통상의 기술자의 기술수준이나 선행문헌의 기술내용은 증거에 기초해 판단할 것이나 통상의 기술자의 입장에서 선행발명의 기술적 의미를 정확하게 합리적으로 파악함이 타당할 것이다.

V. 진보성 위반시 효과
　i) 거절이유(62조), 정보제공사유(63조의 2), 무효사유(133조 1항)에 해당한다.

두문자 암기법으로 정리한 진보성 내용 2

워도 무방합니다. 123쪽의 〈두문자 암기법으로 정리한 판례 내용〉은 길게 정리된 판례 내용에서 외우기 좋은 앞글자를 따 판례 제목 옆에 두문자를 적어 두었습니다.

124쪽의 〈두문자 암기법으로 정리한 진보성 내용 1,2〉는 해당 단어에 대한 의의와 방법 등의 내용을 앞글자만 따와 두문법을 적어 두었습니다. '진보성'은 변리사 시험에서 특 S급 논점이기 때문에 무조건 암기해야 하는 내용입니다. 그 어떠한 내용도 빠뜨려서는 안 되기 때문에 두문자를 많이 활용했던 예시입니다.

사진을 살펴보면, 진보성 의의 옆에는 '진미당용'으로 취지의 옆에는 '산비누'로 적어 둔 것을 볼 수 있습니다. 이런 방식으로 두문자를 적어 두며 따로 암기했습니다.

키워드 암기법

가장 좋은 암기법은 키워드로 암기하는 것입니다. 우리는 간단한 단어 몇 개만 있어도 그 단어를 넣어 글짓기를 할 수 있듯이, 논술형 시험에서 키워드 몇 개만 가지고도 우리는 논리적으로 답안지를 작성하는 데 전혀 지장이 없습니다. 다시 말하면, 우리는 문장을 통째로 외울 필요가 없으며 이미 여러 번 판례를 암기했고 그 내용도 이해하고 있다면 키워드 몇 개로도 판례를 답안지에 쉽게 적을 수 있습니다.

토씨 하나 안 틀리고 판례를 작성한 것이나 판례 내 키워드로 문장을 만들어서 작성한 것이나 점수에 유의미한 차이는 없습니다. (출제자나 채점자분들 중에서도 조문이나 판례를 토씨 하나 틀리지 않고 외우시는 분은 거의 없을 겁니다) 따라서, 키워드 위주의 암기 및 현출을 하면서 두문자를 가미해 핵심 키워드를 누락하지 않는 방향으로 외우는 것을 추천합니다.

다음의 〈키워드로 정리한 판례 내용〉은 중요한 키워드에 박스 표시를 해 두었습니다. 해당 내용을 봤을 때 키워드를 먼저 생각날 수 있게끔 하였고, 다른 내용이 생각 안 나더라도 키워드로 충분히 논술을 작성할 수 있도록 암기했습니다.

2) 제 65 조 후문의 여러 임차인들 사건의 경우
  i) "임차인들이 피고를 임대차계약상의 임대인이라고 주장하면서 각 보증금반환을 청구하는 경우 쟁점은 피고가 임대인으로서 계약당사자인지 여부에 있으며 따라서 임차인들은 상호간에 주요한 공격방어방법을 공통으로 하므로 공동의 이해관계가 있다"고 한바 제 2 설의 입장이다.

키워드로 정리한 판례 내용

> ✓ **Key Point**
>
> 암기는 고통스럽고 반복적인 과정을 통해 뇌에 각인되는 작업으로, 눈으로만 보는 것이 아니라 현출을 통해 능동적으로 떠올려야 효율적입니다.

11

오개념은
확실히 짚자

공부할 때는 항상 오개념을 주의하는 마인드를 가져야 합니다. 특히 오개념은 논술형 시험을 준비하는 수험생이 주의해야 합니다. 왜냐하면 객관식과 주관식은 ○× 판별이나 답이 틀렸을 때마다 해설을 보면서 그때그때 확인할 수 있기 때문에 비교적 오개념을 대처할 수 있지만, 논술형은 시험 특성상 자신이 쓴 답과 해설을 꼼꼼히 비교해야 오개념인지를 알 수 있습니다.

하지만 꼼꼼하게 비교하기도 쉽지 않으며, 보통 해설을 통해 논점 누락이나 결론만 확인하고 해설을 자세히 살펴보지 않는 경우도 많아, 자신이 오개념을 가졌는지 확인하기가 쉽지 않습니다.

객관식은 오지선다형이기 때문에 오개념을 갖고 있어도 문제를 반드시 틀린다고 볼 수 없지만(예를 들어, 답이 너무나도 확실한 선지가 있는 경우), **논술형에서는 오개념의 파괴력이 어마어마해서 오개념으로 인해 논점 누락이나 논점 이탈뿐만 아니라 아예 답안 자체가 산으로 가는 상황을 맞을 수 있습니다.**

항상 의심하는 태도를 가져라

오개념을 방지하기 위해 항상 의심하는 태도를 유지하는 것이 중요합니다. 학습 중 자신이 이해한 내용이 정말로 정확한지 끊임없이 점검하며, 문제를 풀 때마다 답이 맞더라도 근거를 명확히 확인해야 합니다. 반대로 틀린 경우에는 어떤 논리에서 오류가 있었는지 철저히 분석하여 반복하지 않도록 해야 합니다.

용어의 정확성을 검토하라

논술형 시험을 준비하는 경우, 답안 작성 후 직접 해설과 비교하며 논점 누락 여부, 논리적 흐름의 적합성, 용어 사용의 정확성을 꼼꼼히 검토해야 합니다. 논술형에서는 오개념이 논점 이탈이나 답안 전체의 흐름을 왜곡시킬 수 있으므로, 자신이 작성한 답안의 결론이 문제에서 묻는 사항과 직접적으로 관련이 있는지 논리적 흐름을 재점검하는 습관을 기르는 것이 중요합니다.

용어를 혼동하지 마라

용어의 의미를 명확히 이해하고 혼용하지 않도록 주의해야 합니다. 유사한 용어를 잘못 사용하면 오개념이 생기기 쉽기 때문에 기본서를 활용해 주요 용어의 정의와 차이점을 철저히 정리하고 반복 학습해야 합니다. 예를 들어, '기각'과 '각하'의 차이, '해지'와 '해제'의 구분 등과 같이 비슷해 보이는 용어를 명확히 구별해야 합니다.

오개념은 반드시 교정하라

발견된 오개념은 반드시 교정하는 과정을 거쳐야 합니다. 오개념 방지를 위해 '모르는 것은 모른다고 인정하는 태도'가 필요합니다. 잘 못 이해하는 것보다 모르는 상태가 차라리 낫기 때문에, 모호하거나 이해되지 않는 부분이 있으면 강사에게 질문하거나 기본서를 통해 확실히 이해하고 넘어가야 합니다.

저도 법 공부를 하면서 개념 자체를 잘못 이해했거나, 특정 조문을 잘못 해석하고 있다는 사실을 깨달을 때가 많았습니다. 이러한 오개념을 교정하자 이해도는 당연히 올라가면서 정답률 또한 올라갔습니다.

오개념은 잘못된 나침반과 같습니다. 오개념 교정은 내가 모르는 것 더 나아가 잘못 알고 있는 것을 찾아내고 바로잡는 과정입니다.

⊘ Key Point

오개념은 큰 장애물이 될 수 있으므로, 자신의 이해를 지속적으로 점검하고, 논술형 시험에서는 답안과 해설을 꼼꼼히 비교하며 정확한 개념을 바탕으로 답안을 작성하는 습관이 중요합니다.

12

말 많은 단권화, 꼭 해야 할까

개인적으로 생각하는 단권화는 양을 줄이는 작업이 아니라 단권화의 단어 뜻 그대로 **많은 책과 자료를 한 권으로 만들어서 그 책만 보기 위한 작업입니다.** 저는 변리사 2차 시험을 준비할 때 모든 과목의 교재와 자료들을 단권화했습니다.

단권화의 장점

단권화의 장점은 여러 가지가 있습니다.

첫 번째로는 한 권에 모든 내용이 담겨 있기 때문에 여러 번 반복하여 회독(인풋)하기에 적절하며 그만큼 항아리에 물을 채우기 용이합니다.

혹시 암기했던 것을 현출할 때 그 내용이 책의 어떤 위치에 있는지 떠오른 적이 있나요? 단권화로 만든다면 한 권만 반복적으로 보기 때문에 암기할 때 그 위치를 떠올리기도 쉽습니다.

두 번째로는 법 개정, 최신 판례뿐만 아니라 책마다 그 내용과 구성이 제각각인데 단권화를 한다면 여러 책이나 자료를 찾아다닐 필요가 없어 시간이 절약됩니다. 그리고 물리적으로는 많은 책을 가져 다닐 필요가 없어 한 권만 가지고 다녀, 가방을 가볍게 들고 다닐 수 있다는 이점이 있습니다.

마지막으로 단순 취합이 아닌 이상 단권화 작업을 진행하면 자연스럽게 내용을 정리하는 효과를 누릴 수 있습니다.

단권화 만드는 법

소프트카피

소프트카피로 단권화를 한다면 장점은 다음과 같이 있습니다.

제약 없이 편집이 무제한으로 가능합니다. 하드카피는 필기를 하거나 포스트잇을 붙임으로써 공간이 부족해지거나 책이 지저분해지지만, 아이패드를 활용해서 공부한다면 자유롭고 깔끔하게 밑줄을 긋거나 필기가 가능합니다. 또한 아이패드 하나만 가지고 다니면 됨으로 어디서든 공부가 가능합니다.

수많은 장점이 있음에도 불구하고 치명적인 단점이 하나 있으니 그 것은 바로 타이핑입니다. 교재 한 권을 타이핑하는 데 있어 엄청난 시 간과 수고로움이 필요합니다. 또한 모든 상황에 해당하는 단점은 아 니지만, 단권화 파일에 수정이 있을 때마다 워드 파일을 PDF로 변환 해야 하는 번거로움이 있습니다.

원본 PDF를 구해 소프트카피를 하는 것이 가장 좋지만 이건 거의 불가능한 것이므로 현실적인 방법을 소개하겠습니다.

첫 번째는 OCR(인쇄된 문자 또는 사람이 쓴 글자를 읽는 장치)이 가능한 스캔을 통해 소프트카피를 하는 것입니다. 두 번째는 경제적인 여유 가 있다면 타이핑 외주를 맡기는 것입니다. 세 번째는 정 상황이 안 된 다면 직접 타이핑하는 것을 추천합니다.

저작권 위반은 당연히 주의해야 합니다. 저는 워드로 단권화를 하 는 것이 장기적으로 봤을 때 치명적인 단점을 충분히 상쇄한다고 판 단해서 외주에 타이핑을 맡기는 것과 직집 타이핑하는 것을 동시에 했습니다. 타이핑을 하면서 수도 없는 후회와 포기 충동을 겪었지만, 결과적으로는 잘한 일이었습니다.

1. 고유필수적 공동소송 /903

1. 의의
i) 공동소송이 법률상 강제되고
ii) 합일확정이 법률상 필수적으로 요구되는 소송이다.
iii) 즉, '소송법상 소송수행권(당사자적격)'에 대응하는 실체법상 관리처분권'이 여러 사람에게 공동으로 귀속하므로 소송수행에 있어서도 공동소송이 강제되고 합일확정이 요구되는 소송이다.

2. 심판 [연요자진판상] / [요심판상]
(1) 연합관계
i) 필수적 공동소송은 공동소송인간 상호연합관계에 있으며 판결의 합일확정이 요구된다.
ii) 따라서, 소송자료와 소송진행의 통일이 필요하다.

(2) 소송요건의 조사와 일부 당사자 누락의 경우에 보정
i) 소송요건은 공동소송인 각자에 대해 조사하되
  a. 고유필수적 공동소송의 경우에는 1인에 대한 소송요건 흠결이 있으면 전원의 소를 각하하고
  b. 유사필수적 공동소송의 경우에는 그 흠결한 당사자의 부분만 분리해 일부각하한다.
ii) 고유필수적 공동소송의 경우에는 공동소송이 강제되므로 한 사람이라도 누락되면 소는 당사자적격의 흠으로 각하된다. (따라서, 고유필수적 공동소송인 추가, 공동소송참가로 보정되어야 한다.)
iii) 그러나 유사필수적 공동소송의 경우에는 공동소송이 강제되지 않으므로 한 사람이 누락되어도 각하되지 않는다.

(3) 소송자료의 통일
1) 내용
  i) '소송목적이 공동소송인 모두에게 합일적으로 확정되어야 할 공동소송인 가운데 한 사람의 소송행위는 모두의 이익을 위해서만 효력이 가진다.' [제 67 조 1 항]
2) 공동소송인 중 한 사람의 소송행위가 유리한 때에는 모두에게 효력이 있다.
  i) 공동소송인 중 한 사람이 상대방 주장사실을 부인하거나 증거제출 또는 항변한 경우 전원이 다투어 증거제출, 항변한 것으로 된다.
  ii) 피고가 필수적 공동소송인인 경우에 한 사람이라도 응소한 경우에는 전원이 응소한 것이 되므로 원고의 소취하에는 피고 전원의 동의가 있어야 한다.
  iii) 공동소송인 중 한 사람이 출석하거나 기간(재소/재심기간)을 준수한 경우 다른 사람이 결석하거나 기간을 준수하지 않아도 불석의 불이익(자백간주/취하간주)이나 기간도과의 불이익을 받지 않는다.
3) 공동소송인 중 한 사람의 소송행위가 불리한 때에는 전원이 하지 아니하면 효력이 없다.
  i) 따라서, 1인의 자백, 청구의 포기/인낙, 화해 등은 불리한 소송행위이므로 전원이 하지 아니하면 효력이 없다.
  ii) "고유필수적 공동소송에서는 원고들 일부(또는 1 인)의 소취하 또는 피고들 일부(또는 1 인)에 대한 소취하는 무효이다."
  iii) 그러나 유사필수적 공동소송에서는 일부의 또는 일부에 대한 소취하도 가능하다.

소프트카피 단권화 1

---

iv) 이렇듯 유사필수적 공동소송에서는 고유필수적 공동소송과 달리 공동소송이 강제되지 않으므로 일부 소각하, 제소시 일부 누락, 일부 소취가 허용된다.
4) '공동소송인 가운데 한 사람에 대한 '상대방'의 소송행위는 (유/불리를 불문하고) 공동소송인 모두에게 효력이 미친다.' [제 67 조 2 항]

(4) 소송진행의 통일
i) '공동소송인 가운데 한 사람에게 소송절차를 중단 또는 중지해야 할 이유가 있는 경우 그 중단 또는 중지는 모두에게 효력이 미친다.' [제 67 조 3 항]
ii) 변론 및 증거조사, 판결은 같은 기일에 한다.
iii) 변론의 분리나 본안의 일부판결은 모순된 판결을 피하기 위해 허용되지 않는다.

(5) 본안재판의 통일
i) 판결주문은 합일확정되어야 하므로 일부판결은 판결의 모순을 막기 위해 허용되지 않는다.

(6) 상소의 통일
1) 상소기간의 개별진행과 판결의 확정시기
  i) 상소기간은 통상공동소송과 마찬가지로 각 공동소송인에게 판결정본이 유효하게 송달된 날부터 개별적으로 진행된다.
  ii) 즉, 1인에 대해 상소기간이 만료했어도 다른 공동소송인도 상소를 제기할 수 있다.
  iii) 그러나 통상공동소송과 달리 전원의 상소기간이 경과하기까지 판결이 확정되지 않는다.
2) 상소불가분원칙 및 이익변경금지원칙

  i) "합일확정을 필요로 하는 필수적 공동소송에서는 공동소송인 중 일부가 제기한 상소 또는 공동소송인 중 일부에 대한 상대방의 상소는 다른 공동소송인에게도 그 효력이 미치는 것이므로 공동소송인 전원에 대한 관계에서 판결의 확정이 차단되고 그 소송은 전체로서 상소심에 이심된다."
  ii) 이렇게 모순된 판결을 막기 위해 이익변경금지원칙이 배제된다.
3) 상소하지 않고 상소의 효력을 받는 다른 공동소송인의 지위 [상소인 시비취지판]
  ① 소수설
    i) 상소인설은 다른 공동소송인도 상소인으로 보는 견해이며
    ii) 선정자설은 공동소송인이 실제 상소한 자에게 묵시적으로 소송수행권을 부여한 것으로 보아 실제 상소한 자를 그의 선정당사자로 보는 견해이다.
  ② 통설, 판례
    i) 상소하지 않은 자를 상소인으로 볼 수 없고
    ii) 선정행위를 하지 않은 자를 선정자로 볼 수도 없으므로
    iii) 합일확정의 요청 때문에 그 소송관계가 상소심으로 이심되어 당사자가 될 뿐이라는 단순한 상소심당사자설이 타당하다.
    iv) 따라서, 상소하지 않은 당사자는 당사자표시에 있어서 단순히 '원고' 또는 '피고'라고만 표시하고(상소한 자만 '상소인'으로 표시) 패소해도 상소비용을 부담하지 않고(상소한 자만 부담) 상소취하권도 없으며(상소한 자만 가능) 상소인지도 붙이지 않고(상소한 자만 붙임) 상소심의 심판범위를 특정할 수 없다. (상소한 자만 특정할 수 있음)

소프트카피 단권화 2

추가로, 내용 추가나 편집으로 단권화 파일의 버전이 업그레이드됐다면 수정된 내용을 음영이나 밑줄 또는 색깔 표시로 기존 내용과 구분할 수 있도록 하는 것을 추천합니다. 134쪽의 〈소프트카피 단권화 1,2〉는 제가 직접 만든 것입니다. 밑줄, 박스 등 자유롭게 표시해 두었으며 수정된 내용은 음영을 두어 따로 구분해 놓았습니다.

하드카피

하드카피의 가장 큰 장점은 만들기 간단하다는 것입니다. 하지만 단점은 자칫 잘못하면 지저분해질 수 있다는 것이며 책의 공간이 부

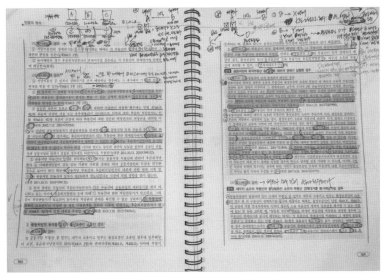

하드카피 단권화

족해지는 상황이 발생하기도 합니다.

하드카피 단권화는 사실 방법이랄 것은 따로 없습니다. 보통 제본을 이용하며, 다른 방법으로는 포스트잇을 인쇄하는 기기를 사용해서 단권화를 하는 것입니다. 글씨체를 선택할 수 있어서 나름 깔끔한 가시성을 보여 주었으며 필기가 귀찮았던 저한테는 나름 좋은 방안이었습니다. 135쪽의〈하드카피 단권화〉는 1차 시험에서 제가 직접 정리한 사진입니다. 인쇄된 종이에 따로 필기를 해 둔 것이기에 소프트카피에 비해 노동력은 적었지만, 필기를 하기에는 공간이 턱없이 부족했습니다. 이런 이유로 2차 시험에서는 소프트카피로 옮겼고, 노동력은 많이 들었지만 그만큼 머릿속에 암기하기는 훨씬 쉬웠습니다.

> ✅ **Key Point**
> 단권화는 공부 자료를 한 권으로 정리하여 반복 학습과 기억 효율성을 높이는 작업으로, 자신의 학습 스타일과 상황에 맞는 방법을 선택하는 것이 중요합니다.

13

인터넷 강의는
요령껏 들어야 한다

앞에서도 말씀드렸지만 어떤 행위에 있어 이 행위의 목적은 무엇인지, 점수 상승에 정말로 직결되는 것인지 항상 끝없이 고민해야 합니다. 이는 비단 인터넷 강의에도 적용됩니다. 지금 내가 이 강의를 듣는 것이 내 점수 상승에 도움이 될 수 있을까, 그저 남들 다 듣고 있는 강의기 때문에 듣는 것은 아닌가, 강사는 내 스타일과 맞는가 등의 고민이 가장 먼저 결정되어야 합니다.

항아리의 크기, 항아리에 물이 담긴 정도, 시험까지 남은 시간 등에 따라 인터넷 강의를 선택해야 하며 어떤 경우에는 인터넷 강의 전체

가 아닌 내가 필요한 부분만 선별해서 듣는 게 시간 투자 대비 점수 상
승에 효율적일 수 있습니다.

이는 인터넷 강의뿐만 아니라 현장 강의에서도 당연하게 적용됩니
다. 저는 시간 투자 대비 점수 상승에 크게 관련되지 않는 상황이거나
나한테 오히려 시간 낭비일 것이라고 생각이 든다면 과감히 환불했습
니다.

그리고 많은 변리사 시험 수험생들이 주말 공부시간을 모의고사 강
의로 채울 때 저는 평일에만 모의고사 강의 1개를 듣고 시험 두 달 전
까지는 모의고사 강의를 수강하지 않았습니다.

주말 공부시간을 모의고사 강의로 채워서 듣는다는 것이 나쁘다는
것이 아닙니다. 저의 성향과 상황에 비추어봤을 때 저한테 맞지 않았
을 뿐입니다. 어떤 분은 동기부여를 위해, 어떤 분은 강제로 공부시간
을 확보하기 위해, 어떤 분은 불안함을 없애기 위해 주말에 모의고사
강의를 듣는 것이 도움이 된다는 판단하에 수강했을 것입니다. **남들이
하는 대로 끌려가는 것이 아닌 항상 자신의 상황과 성향을 고려해 점수 상승에
직결하는 것인가를 신중하게 고민한 뒤에 인터넷 강의나 현장 강의를 선택해야
합니다.**

강의 선택과 활용은 개인의 상황과 성향에 따라 달라져야 합니다.
남들과 비교하지 않고 자신의 상황에 맞는 선택을 하는 것이 중요합

니다.

시험 준비라는 긴 여정에서 가장 중요한 것은 결국 내가 하고 있는 행위가 점수 상승으로 직결되느냐 입니다. 강의 선택에 있어 시간과 비용 그리고 나의 공부 효과를 균형 있게 고려해 신중하게 결정하세요.

✔ **Key Point**

인터넷 강의와 현장 강의는 남들을 따라가기보다 자신의 상황과 성향에 맞춰 점수 상승에 직결되는 부분만 선별적으로 활용하는 것이 효율적입니다.

PART 3

순공부시간

: 내가 공부한 '진짜' 시간

1

몇 시간을 공부해야
합격할 수 있을까

공부시간을 논하기 전에 순공부시간의 정의부터 명확하게 해야 합니다. **제가 정의하는 순공부시간은 순수하게 '뇌'를 쓰는 시간입니다.** 단순히 공부하기 위해 앉아 있는 시간이 아닙니다. 만약 아침 9시에 독서실에 가서 밤 9시까지 있는다고 가정하면 순공부시간은 12시간이 아닙니다. 12시간 동안 밥도 먹을 것이고 휴식도 취할 것이며 핸드폰 하는 시간도 있을 것입니다. 이 시간은 공부시간으로 계산하면 안 됩니다.

뇌를 썼다, 머리를 썼다고 볼 수 있는 행위는 무엇일까요? '뇌'를 쓴다는 것은 곧 현출하는 것을 의미합니다. 다시 말해, 내가 알고 있는 머릿속 내용을 끄집어내서 되새김하는 행위입니다.

'방금 하려고 했던 게 뭐였지?', '방금 하려고 했던 말이 뭐였지?' 하고 갑자기 잊어버린 경험이 다들 있을 겁니다. 그때 우리는 안간힘을 써서 '뭐였지? 뭐였더라?'라고 기억해 내기 위해 다른 생각들은 비집을 틈도 없이 온 집중을 하게 됩니다.

공부도 마찬가지입니다. 객관식의 경우 내 머릿속에 들어 있는 인풋을 바탕으로 그 지문이 맞는지 아닌지를 판별합니다. 주관식의 경우도 내 머릿속에 들어 있는 인풋을 끄집어내서 답을 맞히려고 합니다. 논술형의 경우 내 머릿속에 있는 인풋을 모두 끄집어내고 떠올려 분량에 맞게, 시간에 맞게 답안지를 써 내려갑니다.

냉정하게 말씀드리면 인풋만으로는 뇌를 온전하게 썼다고 보기 어려우며, 기존의 인풋을 기반으로 아웃풋으로 인출하는 행위까지가 뇌를 썼다고 말할 수 있습니다. 회독이나 인풋, 인터넷 강의 듣기, 단순한 필기 등은 아웃풋에 비해 뇌를 덜 쓰는 행위기 때문에 100% 순공부시간으로 볼 수는 없습니다. 이 경우는 본인이 생각하는 적절한 배수를 곱해 계산해야 합니다.

순공부시간은 주 5~6일, 수험기간 내내 지속가능한 시간을 의미합니다. 다시 말하면, 슬럼프 없이 계속해서 꾸준하게 지속할 수 있는 시간을 의미하죠. 벼락치기같이 급한 상황이 닥치면 하루에 8시간 정도는 공부할 수 있는 사람이 있다고 가정할 때 이 사람이 반년, 1년, 2년 이상의 긴 수험기간 내내 8시간의 순공부시간을 유지할 수 있을까요? 불가능합니다. 분명히 번아웃이 오고 슬럼프가 옵니다. 어쩌면 너무 달려 그 후유증으로 극심한 정신적 고통이 수반될 수도 있습니다.

개인마다 순공부시간은 다르다

어린이들이 처음으로 100m 달리기를 할 때 달리기를 배우지 않았어도 어린이들마다 기록이 제각각 다릅니다.

순공부시간도 마찬가지입니다. 순공부시간에서도 각 개인의 한계치는 모두 다를 수밖에 없습니다. 순공부시간은 개인마다 타고난 정도가 다르죠. 사법고시 합격 수기로 유명한 고승덕 변호사는 하루 17시간(물론 제가 정의한 순공부시간과 다소 차이가 있을 수도 있습니다)을 공부했다고 합니다. 제 순공부시간의 한계는 많은 시행착오를 겪은 끝에 6시간으로 결론 내렸고 더 이상 늘릴 수 없음을 받아들였습니다.

자신의 한계치를 정확하게 아는 것은 매우 중요합니다. 자신이 생각한 시간보다 더 할 수 있는데 하지 않는 것은 낭비이며, 반대로 자신이 생각한 시간보다 더 할 수 없는데 더 하는 것은 나중에 부메랑처럼 무조건 슬럼프로 나타납니다.

시험마다 순공부시간은 다르다

✦

시험에 따라, 그리고 개인차에 따라 합격하기 위한 순공부시간은 천차만별일 수밖에 없습니다. 여러 가지 이유가 있지만 크게는 개인의 학습 능력 차이, 본인과 시험과의 궁합, 시험의 절대적인 난이도 및 유형에 따라 요구되는 순공부시간이 다릅니다.

개인의 학습 능력 차이

모든 수험생에게 1시간 동안 공부할 시간을 주고 A4크기의 3장 분량의 시험을 치르게 한다고 가정해 봅시다. 모두가 같은 내용을 같은 시간 동안 공부해도 사람마다 습득력, 이해력, 암기력, 집중력 등에서 차이가 있기 때문에 모두가 같은 점수를 얻지는 않을 것입니다.

하물며 보통 6개월, 1년 이상 소요되는 시험에 있어서 이러한 개인의 학습 능력의 차이는 더욱 극명하게 드러날 것입니다. 어떤 사람은 하루 5시간이면 충분할 수도 있겠지만, 어떤 사람은 하루에 최소 8시간은 확보되어야 합격할 수도 있습니다.

본인과 시험과의 궁합

누군가에게는 법 과목이 상대적으로 쉽게 느껴지기도 하고 다른 누군가에게는 역사 과목이 상대적으로 쉽게 느껴지기도 합니다. 또한 누군가는 객관식이 자신에게 맞는다고 생각하지만 다른 누군가는 논술형이 자신에게 맞는다고 생각합니다.

이처럼 본인과 시험과의 궁합에 따라 요구되는 순공부시간에 차이가 날 수밖에 없습니다.

시험의 절대적인 난이도 및 유형

흔히 객관식보다는 논술형을 더 어려워합니다. 그리고 9급 공무원 시험보다 7급 공무원 시험 합격이 더 어려울 것이고, 7급 공무원 시험보다는 행정고시 합격이 더 어려울 것입니다.

당연히 어려운 시험일수록 요구되는 순공부시간은 더 많을 수밖에 없습니다.

공부의 최소 시간을 채워라

자신의 공부법에서 올바른 방향성을 갖고 있다는 전제하에 최소 주 6일 중 하루에 4~5시간, 충분하게는 6~7시간의 순공부시간은 필요합니다. 이 말은 반대로, 6~7시간의 순공부시간을 수험기간 내내 유지할 수 있다면 어떤 시험이든 합격할 수 있다는 말입니다.

최소 시간을 4~5시간으로 잡은 이유는 상대적으로 쉬운 시험이라고 할지라도 다른 시험과 비교했을 때 응시자의 Pool에서 다소간 차이가 있거나 난이도가 상대적으로 쉬울 뿐 양이 적은 시험이 결코 아닙니다.

최소 반년, 길게는 몇 년을 공부해야 합격할 수 있는 시험은 그 양이 방대하며 공부 방향성이 올바르다는 전제하에 항아리의 물을 유지하는 데 필요한 최소 시간이라고 보면 됩니다.

순공부시간을 측정하라

시험 진입 전에 반드시 자신의 순공부시간의 한계치를 알아야 이 시험에 입문해도 되는지 확인이 가능해집니다. 하지만 대부분의 사람이 자신의 순공부시간을 정확하게 알지 못하죠.

한 달 정도의 시간 동안 자신의 순공부시간을 측정해 보는 것을 추천합니다. 공부를 시작할 때부터 끝날 때까지를 스탑워치 등으로 측정해서 하루의 총 순공부시간을 기록하면 됩니다. 시험 입문 직후라면 처음에는 인풋의 시간이 필요하므로 어쩔 수 없이 회독이나 인터넷 강의를 듣는 과정을 거쳐야 하므로 이때는 수동적이 아닌 최대한

순공부시간을 측정한 기록

뇌를 쓰면서 내용을 이해해 보길 바랍니다.(단, 두세 번 이해하려고 노력해 보고 그 이후에도 안되면 바로 넘기세요)

그러면서 회독하는 시간을 확인해 보고 **자신의 순공부시간이 짧게는 4~5시간 혹은 6~7시간에 도달하지 못한다면 합격을 위해 순공부시간을 늘리는 피나는 노력을 하거나 시험 입문에 대해 진지하게 고민해 볼 필요가 있습니다.** 순공부시간의 한계가 턱없이 모자란다면 비교적 더 쉬운 시험에 입문하는 것도 방법입니다.

순공부시간의 문제점을 찾아라

순공부시간을 측정해 봤는데 생각보다 시간이 많이 나오지 않아서 상심하는 수험생이 있을 것입니다. 사실 아침 9시에 독서실이나 도서관에 가서 밤 11시에 집에 간다고 하더라도 공부 자리 세팅하는 시간, 식사, 휴식, 핸드폰 사용 등… 공부 이외의 시간이 너무나 많습니다. 또한 아웃풋 자체가 뇌를 완전히 쓰는 행위기 때문에 생각 이상으로 많은 에너지가 소모되어 금방 지칩니다.

단순 회독이나 인풋을 하는 행위에만 너무 익숙해진 나머지 갑자기 아웃풋만을 공부시간으로 계산하자니 아웃풋 자체가 너무 힘들어 순공부시간이 생각보다 얼마 나오지 않는 수험생도 많이 있을 것입니다. 또는 처음에는 순공부시간이 잘 나와도 수험기간이 지속될수록 순공부시간이 점점 떨어지는 수험생도 많을 겁니다.

순공부시간을 지속하고 싶다면 하루에 내가 들인 순공부시간을 기록해 봅시다. 합리화는 금물입니다. 양심적으로 솔직하게 기록해야 합니다. **하루 순공부시간이 10분이 될 수도, 20분이 될 수도 있습니다. 그래도 일단 기록을 시작했다는 것 그리고 내 위치를 파악한 것이 중요한 것이지 순공부시간 그 자체가 중요한 것이 아닙니다.** 순공부시간은 점차 늘리면 됩니다. 우선 자신이 할 수 있는 최대한의 순공부시간을 1~2주간 꾸준히 측정하고 기록해 봅시다.

1~2주간 기록해 보면 자신의 순공부시간이 어느 정도 파악됩니다. 순공부시간이 부족하다면 조금씩 늘려 나가는 노력을 해야 합니다. **이 때 주의해야 할 점은 아주 조금씩 늘려 나가야 한다는 것입니다. 욕심을 부려서 갑자기 순공부시간을 확 늘리려고 하니까 공부에 벽이 느껴지고 거부감이 생기는 겁니다.**

순공부시간도 결국에는 습관입니다. **하루에 30분도 공부하지 않았던 사람이 '이제 죽을 각오로 공부한다!'라고 아무리 굳게 마음먹고 시험에 입문한다고 해도 공부하는 습관이 없기 때문에 절대로 하루 사이에 공부시간이 늘 수가 없습니다.**

죽어라 공부하겠다고 비장하게 다짐하고 공부를 시작했건만 며칠이 지나니 비장한 각오는 어느새 희미해지고 공부하기 싫어하는 자신을 발견하게 됩니다. 죽을 만큼 공부하겠다는 생각은 말고, 몇 개월의 시간을 들여 순공부시간을 점점 늘리겠다는 마인드로 순공부시간을 점차 늘려가길 바랍니다. 예를 들어, 하루에 한 문제를 풀었다면 그다음 날에는 두 문제를, 하루에 1시간을 공부했다면 그다음 날에는 5분, 10분을 더 공부해 보는 식으로 조금씩 늘려가야 합니다.

순공부시간 목표치를 달성하겠다는 장기 계획이 꼭 필요합니다. 기한이 없다면 달라지는 것 없이 그저 하루에 1~2시간 공부하는 나날들로 수험기간을 보내게 될 가능성이 큽니다. 자신의 상황에 맞는 장기 계획을 반드시 세우길 바랍니다.

하루 순공부시간이 3시간인데 목표치를 6시간으로 잡았다고 예를 들어보겠습니다. 그러면 1% 혹은 3%, 5%씩 하루 혹은 1주 간격으로 늘려 나가겠다 하고 목표를 설정하면 목표치까지 달성되는 기간이 계산될 것입니다. 그렇게 장기 계획을 세우고 계속 기록을 해 나가면서 반성과 피드백 시간을 통해 순공부시간을 늘려가길 바랍니다.

공부의 부담을 줄이자

하루에 6시간을 공부한다고 가정하면 하루 중 남는 시간이 은근히 많습니다. 극단적으로, 아침 9시부터 오후 3시까지 순공부시간 6시간을 채우면 잠자기 전까지는 자유시간인 것입니다. 처음부터 온종일 공부할 생각은 넣어 두고 순공부시간을 늘려가는 기간에 내가 오늘 목표한 순공부시간을 채웠다면 양심의 가책을 느끼거나 불안해하지 말고 남은 하루는 자신에게 주는 보상이라 생각하며 편히 쉬길 바랍니다. 단, 다음날 목표한 순공부시간을 채우는 데 지장을 주는 범위까지 쉬면 안 됩니다. 예를 들면, 충분한 수면을 취하지 않거나 과도한 음주는 금물입니다.

공부에는 관성이 있기 때문에 공부를 시작만 했다면 어느 정도의 공부시간은 확보가 되지만, 시작을 하기가 참 쉽지 않습니다. 그럴 땐 공부하기 직전에 도입부를 잠깐 가진다면 공부를 시작할 때의 괴로움과 지루함을 조금은 이겨 낼 수 있습니다.

저는 제가 좋아하는 TV 프로그램을 보거나 노래를 틀어 놓음과 동시에 공부를 시작했으며, 어느 정도 집중이 되면(소리가 집중을 방해하거나 소리로 인해 글이 눈에 들어오지 않는 경우) 틀어 놓았던 것을 끄고 계속 공부를 이어갔습니다. 이렇게 하면 공부를 '시작'하는 부담을 조금이나마 줄일 수 있습니다.

반드시 주의해야 할 것은 어디까지나 공부를 위한 도입부여야 하지, TV 프로그램을 보고 있거나 노래 가사를 음미한다면 그건 쉬거나 놀고 있는 것입니다. 공부의 도입부로써만 활용하길 바랍니다.

슬럼프는 반드시 온다

자신의 순공부시간을 정확하게 파악하기 위해서는 어쩔 수 없이 자신의 한계치를 넘겨봐야 합니다. 벽에 부딪혀야 비로소 천장이 어디인지 알 수 있기 때문입니다. 물론 측정해 보니 무리 없이 6~7시간의 순공부시간이 가능하다면 가장 좋지만 이런 경우가 아니라면 언젠가는 반드시 천장에 머리가 부딪치게 되고 슬럼프가 오기 마련입니다.

슬럼프를 언젠가 경험할 것이라고 미리 인지하고 있는 것과 그렇지 않은 것은 슬럼프를 받아들이거나 벗어나는 시간에 큰 차이를 가져옵니다. 슬럼프가 올 것 같은 신호를 느꼈다면 순공부시간을 조금 줄여 보세요. 며칠간은 순공부시간을 유지하는 것이 장기적으로 봤을 때 더 많은 순공부시간을 확보할 수 있습니다.

> ✅ **Key Point**
> 순공부시간은 '뇌를 온전히 쓰는 시간'입니다. 자신의 지속 가능한 순공부시간을 정확히 파악하여 꾸준하게 공부를 이어 나가는 것이 중요합니다.

2

기록 없는 계획은
팥 없는 붕어빵이다

계획을 세우는 분은 많지만, 기록까지 하는 분은 많지 않습니다. 하지만 계획과 기록은 실과 바늘처럼 뗄 수 없는 요소입니다. 계획이 있다면 기록도 반드시 있어야 합니다. 기록은 기존의 계획을 완성해 줄 뿐만 아니라 추후 세울 계획의 완성도와 정밀도까지 올려 줍니다.

계획뿐만 아니라 기록까지 되어야 피드백과 전체적인 일정에 대한 관리와 내 상태의 점검이 가능하며 심지어 미래의 나의 상황까지 예측할 수 있습니다.

시험에 합격하기 위해서는 결국 전 과목의 항아리 크기를 적당하게 키우고, 구멍의 크기를 줄이면서 항아리에 물을 채워 넣고, 물의 양을 전반적으로 컨트롤해서 궁극적으로는 모든 항아리 내의 물이 넘실거려야 합니다.

계획은 이 항아리와 관련된 요소들을 효율적이고 확실하게 제어합니다. 마구잡이식의 제어가 아닌, 항아리와 관련된 요소들의 상태와 수치 등을 파악하고 현 상황에서 최적의 액션이 무엇인지, 그리고 시험 날까지 어떤 액션들을 순차적으로 해야 하는지에 대한 생각과 고민의 결과가 계획입니다.

계획은 순공부시간을 토대로 세워야 합니다. 세운 계획에 대해 반드시 지켜야 한다는 부담을 가질 필요는 없습니다. 자신의 순공부시간을 채웠다면 그것으로 된 것이며 우리에게는 내일도 있고 남은 앞날도 많습니다. 중요한 마인드는 '현 상황에서 가장 좋은 계획은 무엇인가', '지금 상황에서 점수를 올릴 수 있는 가장 최선의 방법은 무엇인가'입니다. 지나간 것은 반성하되 붙잡지 말고, 매 순간 지금 현 상황에서 내가 할 수 있는 가장 최선의 것을 찾아서 행하면 됩니다.

시간이 아닌 진도로 목표를 세우자

경험상 시간보다는 진도를 기준으로 계획을 세우면 진도를 채워야 한다는 생각에 집중력이나 공부시간이 조금이나마 늘어났습니다. 예를 들면, '10분' 공부가 아닌 '5페이지', '30분' 공부가 아닌 객관식 선지

'100개' 등 회독으로 계획을 세우는 것이 더 나았습니다. 하지만 이 역시 순공부시간에 맞는 진도를 내가 알고 있어야 하며 이를 토대로 계획을 세워야 합니다.

적절한 보상을 주자

사람은 기본적으로 공부하는 것보다는 놀고 쉬는 것을 좋아합니다. 하물며 긴 시간 동안의 수험기간을 공부로만 보낸다면 사람은 기계가 아니기 때문에 금방 번아웃이 오고 지치게 됩니다.

공부에 지장이 가지 않는 한에서 하루를 열심히 보낸 나에게 수고했다고 자신에게 어떤 방법으로든 보상을 주는 것을 추천합니다. 매일의 소소한 야식이든 재밌는 영상이든 맥주 한 캔이든 혹은 주말에 나들이나 드라이브, 술자리 등… 나에 대한 작은 보상은 긴 수험기간을 버틸 힘과 원동력이 됩니다.

단, 수험생이라는 것을 잊지 마시고 반드시 공부에 지장이 가지 않는 한에서 보상해 주길 바랍니다. 보상은 수험기간을 지속하기 위한 수단임을 잊지 말아야 합니다.

일일 계획을 세우자

일일 계획은 주간 계획을 실천하기 위한 세부적 단계입니다. 진도 기반을 목표로 세워야 하며, 이를 통해 하루 동안 구체적으로 무엇을 해야 하는지 명확히 알 수 있습니다. 진도 단위로 계획을 세우면 시간을 채우기 위해 느슨해지는 공부 습관을 방지하고, 효율적으로 학습을 진행할 수 있습니다.

계획에 있어 가장 중요한 것은 유연해야 한다는 것입니다. 컨디션이나 예기치 못한 변수로 인해 계획이 틀어질 수 있죠. 이 경우, 계획을 수정하거나 다음 날로 넘겨도 괜찮습니다. **중요한 것은 계획을 끝까지 고수하는 것이 아니라, 상황에 맞춰 수정하며 꾸준히 실천하는 것입니다.**

계획한 진도를 모두 소화하지 못한 경우, 미처 달성하지 못한 부분은 다음 날로 넘기거나 계획을 수정하면 됩니다. 계획은 언제든 바뀔 수 있다는 점을 기억하고, 이는 실패가 아닌 지극히 정상적인 과정으로 받아들이는 것이 중요합니다.

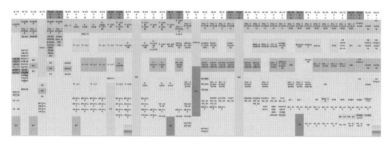

표로 작성한 일일 계획

일일 계획은 기록을 기반으로 작성해야 합니다. 하루 동안 실제로 달성한 내용을 기록함으로써 앞으로의 계획을 더 구체적이고 현실적으로 설정할 수 있습니다. 즉, 기록을 바탕으로 하루 동안 실천이 가능한 진도인지 파악하고, 이를 기반으로 다음 날의 계획을 세우는 것이 일일 계획의 핵심입니다.

주간 계획을 세우자

주간 계획은 일일 계획과 긴밀하게 연결되며, 수험기간 동안 전체적인 학습 방향을 설정하는 데 필수적입니다. 시험 날로부터 역순으로 세워야 하며, 남은 기간 동안 무엇을 할지 큰 그림을 그리는 데 중요합니다.

이를테면, "이번 주에 민법 기본서 1회독을 완료할 거야", "3주 동안 기출문제집 1회독 풀이를 할 거야"와 같이 구체적인 목표를 설정해야 합니다. 이렇게 큰 틀을 잡아야, 하루하루의 계획이 시험 준비의 전체 과정 속에서 어떤 역할을 하는지 명확해집니다.

주간 계획의 가장 큰 장점은 조정 가능성입니다. 주간 단위로 계획을 세우면, 한 주가 끝날 때 성과를 검토하고, 다음 주 계획에 반영할 수 있습니다. 예를 들어, 계획했던 진도를 완수하지 못했다면, 그 이유를 분석하고 현실적인 목표로 수정하여 미래의 계획을 세울 수 있습니다. 주차 계획은 일일 계획보다 넓은 시야를 제공하면서도, 월간 계획처럼

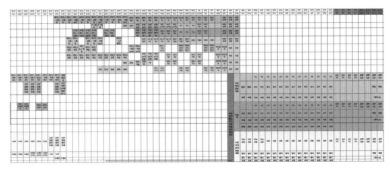

표로 작성한 주간 계획

추상적이지 않기 때문에 실천 가능성을 높이는 최적의 단위입니다.

기록을 통해 실천 과정과 성과를 확인하는 것이 중요합니다. 기록과 계획이 함께 작동할 때, 우리는 과거의 데이터를 기반으로 더 나은 계획을 세울 수 있으며, 현재 상황에 맞춘 학습 전략을 효율적으로 조정할 수 있습니다.

시험 직전의 계획을 세우자

많은 사람이 보통 계획을 세울 때 '시험 직전에는 시험이 다가왔으니 평소보다 더 많은 분량을 공부하겠지'라는 생각으로 시험 직전에는 평소보다 많은 분량을 계획하는데, 개인적으로는 시험 직전에는 공부가 정말 되지 않았습니다.

마음이 들뜨기도 하고 불안하기도 하고 '시험 끝나고 뭐할까', '떨어지면 어쩌지', '붙으면 너무 좋겠다' 등 온갖 잡다한 생각이 들면서 롤러코스터와 같은 다양한 기분도 경험했습니다.

사람마다 다르겠지만 **장기 계획을 세울 때는 시험 직전의 공부의 양을 방대하게 세우기보다는 1~2주 정도 여유를 두고 계획을 세우는 것을 추천합니다.** 그리고서 시험 직전에 공부가 잘되면 다행이고, 안되더라도 미리 여유를 두었기 때문에 계획에 큰 차질은 없게 됩니다. 그리고 시험 직전에는 앞에서 말씀드렸다시피 항아리의 크기를 늘리기보다는 항아리 안의 물이 계속 넘실거릴 수 있도록 물을 채워 넣는 것에 집중해야 합니다.

새로운 것을 공부한다는 것은 그만큼 항아리 크기가 커진다는 것이고 그만큼 항아리 구멍도 커져서 더 많은 양의 물이 구멍으로 빠지게 됩니다. **새로운 내용을 공부하기보다는 공부해 왔던 내용들을 차분하게 쭉 훑어보고 내용을 상기시킨다는 마음으로 시험 전 1~2주를 보내길 바랍니다.**

> ✅ **Key Point**
> 앉아 있는 모든 시간이 공부하는 시간이 아닙니다. 내가 '진짜' 공부하는 시간인 순공부시간을 측정하여 합격의 길로 나아가길 바랍니다.

3

수험생활은
마라톤이다

수험생활은 마라톤입니다. 내가 지금 오버페이스인지 아니면 공부를 너무 적게 하고 있는 건 아닌지 혹은 슬럼프가 왔는지 기록을 해야 지금 내 상태를 파악할 수 있습니다. 수험기간 내내 순공부시간을 매일 기록하는 것만으로도 긴 레이스를 성공적으로 끌고 갈 수 있습니다.

기록은 우리가 생각하는 것 이상으로 엄청난 힘을 가지고 있습니다. 기록은 처음에는 귀찮고 하기 싫지만 쌓이고 쌓일수록 그 위력은 엄청나게 커져 나중에는 긴 레이스를 지탱할 힘이 됩니다. 기록을 통해 내가 확보할 수 있는 순공부시간과 시간당 진도를 파악할 수 있으며 이를 토대로 계획을 세운다면 좀 더 치밀하고 정교하게 계획을 세울 수 있을뿐더러 확실한 근거와 데이터를 기반으로 계획을 세우는 것이기 때문에 계획에 확신이 생겨 마음도 편안해집니다.

시간 기록

그날 공부한 시간을 기록하면 됩니다. 나의 순공부시간이 6시간이라고 한다면 매일매일 컨디션, 기분, 바이오리듬, 수면의 질에 따라 공부시간은 다를 수밖에 없기 때문에 하루 공부시간 6시간 안팎을 왔다 갔다 할 것입니다. 순공부시간을 무조건 채우려고만 하지 말고 그날 상황에 따라 할 수 있는 만큼만 공부하고 기록만 철저히 하길 바랍니다.

진도 기록

진도는 기록에 있어 핵심적인 요소입니다. 진도와 순공부시간을 기록한다면 시간당 진도를 파악할 수 있으며 이를 통해 수험기간의 전반적인 계획뿐만 아니라 시험 직전의 계획까지도 짜임새 있게 세울 수 있습니다. 뜬구름 잡는 계획이 아닌, 나의 순공부시간과 시간당 진도를 토대로 '내가 이때까지는 여기까지 공부할 수 있겠구나', '그러면 이때부터는 이걸 공부해야겠다', '기출문제는 이때쯤에 1회독을 할 수 있겠구나' 등의 계산이 설 수 있게 되고, 따라서 일일, 주간, 수험기간 전체의 계획을 세우는 데 있어 완성도가 높아질 수밖에 없습니다.

감정 기록

슬럼프라고 생각이 든다면 순공부시간과 진도 기록과 함께 그날의

기분, 슬럼프를 극복하기 위해 행했던 것들, 슬럼프 기간 등을 반드시

감정 기록 예시

글 형식으로 기록
① 날짜와 상황 기록
기록 날짜와 당시 상황을 간략히 기록합니다.
- 시험 전날, 외부 자극 때문에 불안감이 심했다.

② 감정 상태 기록
느꼈던 감정을 솔직하게 기록합니다.
- 아무리 준비해도 부족하다는 생각에 멘탈이 흔들렸다. 특히 주변 친구들의 합격 소식이
  더 불안하게 만들었다.

③ 슬럼프의 원인 기록
슬럼프를 유발한 원인을 분석해 기록합니다.
- 계획을 너무 빡빡하게 세웠고, 외부 자극(뉴스와 SNS)이 영향을 주었다.

④ 극복을 위해 한 일 기록
슬럼프를 극복하려고 했던 행동을 기록합니다.
- 30분 동안 산책을 하며 심호흡 연습을 했다. 휴식을 취한 뒤 복습에 집중했다.

⑤ 결과와 교훈
극복 여부와 느낀 점, 다음에 비슷한 상황이 오면 어떻게 대처할지 등을 기록합니다.
- 결국 계획을 일부 수정하니 마음이 편해졌다. 다음에는 외부 자극을 완전히 차단하고 미
  리 계획에 여유를 두어야 겠다.

표 형식으로 기록

시간 여유가 부족할 때에는 표 형식으로 간단히 기록할 수 있습니다. 날짜, 감정 상태, 원인, 극복하고자 한 일, 결과와 교훈으로 나누어 그 날의 일을 간단하게 기록해 보세요.

날짜	감정 상태	원인	극복하고자 한 일	결과와 교훈
12/1(금)	불안감 심함, 무기력	계획 초과로 인한 압박감	2시간 낮잠	계획을 무리하게 세우면 안 됨
12/2(토)	다소 안정적	외부 자극으로 인한 불안함	1시간 산책, 모의고사 풀이	효과가 그닥 없었음
12/3(일)	불안감 재발함	취업한 친구의 해외 여행 피드	SNS 차단, 명상	공부에 더 집중할 수 있었음

※202쪽의 감정 기록을 활용하세요.

기록하길 바랍니다. 감정 기록을 통해 다음에 올 슬럼프를 훨씬 더 쉽게 극복할 수 있습니다. **데이터가 많이 쌓이면 '이런 상황에서 슬럼프가 오는구나', '그러면 이때쯤 슬럼프가 오겠구나', '그러면 이렇게 슬럼프를 극복해야겠구나', '이때쯤이면 슬럼프를 극복할 수 있겠구나' 등에 대한 예측까지 가능해집니다.**

시험 페이스

많은 수험생이 체력의 중요성을 간과합니다. 체력을 유지하는 시간이 아까우니 그 시간에 차라리 공부하는 게 낫지 않냐고 생각하는 수험생도 많습니다. 하지만 우리는 단기간의 벼락치기를 하지 않는 이상 마라톤 선수의 자세로 시험을 준비해야 합니다.

체력은 순공부시간을 유지하는 데 있어 필수적인 요소입니다. 순공부시간의 의미는 앞에서 말씀드렸다시피 하루, 1주일이 아닌 최소 6개월, 1년 이상 '지속 가능한' 공부시간을 의미합니다.

단기 벼락치기는 에너지드링크를 먹어가며 가용할 수 있는 최대한의 에너지를 쏟아붓는 것이 관건이지만, 많은 시간이 소요되는 시험에서는 긴 장기 레이스의 페이스를 유지하는 것이 중요합니다. 순공부시간을 긴 수험기간 내내 유지할 수 있다는 것은 다른 말로 수험기간 동안 슬럼프를 겪지 않거나 슬럼프를 최소화할 수 있다는 의미입니다.

체력이 뒷받침되지 않는다면 우리는 레이스 도중 퍼질 수도 있고, 최악의 상황에는 슬럼프를 넘어서서 흔히 말해 멘탈이 터져 회복 불가능한 상황을 맞닥뜨릴 수도 있습니다.

체력을 늘리는 법

순공부시간에 개인마다 타고난 한계가 있듯이 체력과 운동강도 또한 개인마다 차이가 있습니다. 어떤 분들은 체질적으로 조금만 걷는 것만으로도 체력 유지가 가능하지만, 또 다른 분들은 어느 정도 땀을 흘려 줘야 체력이 유지됩니다.

주의할 점은 덜해서도 안 되지만 과해서도 안 되는 것입니다. 우리는 '합격'만이 목표일 뿐이지 몸을 키우거나 체력을 강화하는 것이 주된 목표가 되어서는 안 됩니다. 너무 체력 유지에 힘을 쏟는 나머지, 공부에 방해가 되는 정도의 강도를 넘어선다면 주객이 전도된 것입니다.

추천해 드리는 방법은 역시 기록입니다. 낮은 강도, 낮은 빈도로 서서히 운동을 시작하길 추천합니다. 그리고 계속된 기록을 통해 운동이 공부에 지장을 주지는 않는지, 너무 많은 시간을 운동에 투자하고 있지는 않은지, 체력 유지에 적절한 강도와 빈도인지, 지속적인 점검이 필요합니다.

✅ **Key Point**
수험생활은 장기 레이스인 마라톤처럼 체력과 페이스 조절이 필수입니다. 순공 부시간, 진도, 감정을 기록해 활용한다면, 슬럼프를 예방하고 꾸준한 학습을 유지할 수 있습니다.

4

남는 게
시간이다

하루 일정의 계획은 목표한 순공부시간만 채우도록 세우면 됩니다. 앞에서 말씀드렸다시피 하루에 6시간을 공부한다면 하루 중 남는 시간이 꽤 많습니다.

저의 경우는 매일 순공부시간 6시간을 목표로 했지만 집중하는 시간이 길지 않아 20~25분 공부를 하면 15~20분 정도를 쉬는 정도로 공부시간을 굉장히 많이 쪼갰습니다. 쉬고 싶으면 바로 쉬었고 화장실도 빈번하게 갔으며 점심 먹고 낮잠을 2시간씩 잤습니다.

그렇기에 공부를 끝마치는 시간은 보통 밤 9~10시였습니다. 잠은 매일 7~8시간 정도 잤습니다. 하지만 이렇게 생활해도 순공부시간 6시간을 채울 수 있었습니다. 어느 수험생은 1~2시간을 집중해서 공부하고 쉴 것이고 또 어떤 수험생은 저보다도 더 공부시간을 쪼개서 공부할 것입니다.

하지만 다른 사람은 신경쓰지 말고, 그저 목표한 순공부시간을 채울 수 있게 자신에게 맞는 하루 일정을 자유롭게 세우면 됩니다.

자투리시간은 티끌 모아 태산이다

자투리시간은 경험해 보지 못했다면 그 파괴력이 얼마나 큰지 받아들이기 어렵습니다. '그거 뭐 시간 얼마나 되나' 생각하고 무시하기 쉽습니다. 하지만 자투리시간은 제 대학교에서의 고학점 비결 중 하나입니다. 대학교 시절 쉬는시간이나 휴강, 공강시간에 틈틈이 짧게라도 공부했습니다. '5분이 생기면 겨우 5분 가지고 뭐 되겠어?' 하는 생각은 잠시 버리고, 5분밖에 안 되니 잠깐이라도 공부하자는 생각으로 자투리시간에 공부해 보는 것을 추천합니다.

눈 딱 한 번 감고 속는 셈 치고 해 보길 바랍니다. 모이고 모이면 절대 무시할 수 없을 만큼 커지는 것이 자투리시간이며 5~10분의 짧은 시간동안 발휘되는 집중력은 밀도가 아주 높습니다. 마치 게임에서 시간제한이나 타임 어택과 같이 곧 마감이 다가옴에 따른 집중력 상승의 효과를 가져오는 것입니다.

다만, 이해를 필요로 하는 공부보다는 암기 위주 그리고 복기 위주
의 공부를 하는 것을 추천합니다.

활용 가능한 자투리 시간

낮잠 직전	낮잠 직전에 공부를 잠깐 하면 기억에 도움이 된다는 연구결과가 있습니다. 저는 웬만하면 암기하고 싶은 내용을 낮잠 자기 전에 보고 잤습니다.
운동 직전/직후	운동은 뇌의 활성화와 큰 연관이 있습니다. 운동하러 가는 길, 운동하고 오는 길을 활용할 수 있습니다.
잠자기 직전	낮잠과 같은 원리로 잠자기 직전에 외우고 싶은 내용을 보고 자면 기억에 도움이 된다는 연구결과가 있습니다. 낮잠과 마찬가지로 저는 잠자기 전에 암기하고 싶은 내용을 보고 잤습니다.
이동 중	학교나 독서실로 가는 길, 약속이 있어서 가는 길, 집에 가는 길 등… 이동 중 시간을 활용하면 좋습니다. 이때 맘먹고 공부한다는 생각보다는 1~2분만 잠깐 보거나 현출한다는 생각으로 접근하기를 바랍니다.
걷기 운동 중	저는 수험기간에 틈틈이 걸으려고 노력했습니다. 걸을 때 잠깐씩 정리한 내용을 보거나 현출한 것이 암기에 큰 도움이 됐습니다.

졸리면 제발 주무세요

졸리면 제발 주무세요. 조는 것보다 본인의 생활에 맞게 편히 잠을
청하는 것이 피로회복에도 훨씬 좋고 공부의 효율성도 올라갑니다.
눈꺼풀을 이기지 말고 편하게 잠을 청하세요. 잠자는 시간이 아깝다
고 아끼다가 더 많은 잠재적인 공부시간을 잃을 수 있습니다. 이는 빈

대 잡다가 초상집 태우는 격입니다.

저는 평소에 낮잠을 2시간씩 자지만, 수험기간 초반에는 2시간은 너무 과한 것 같아서 30분만 자고 일어나 공부하려고 했습니다. 하지만 30분만 자고 일어나면 너무 피곤했고 정신을 차리는 데 시간도 많이 소요됐습니다. 장기적으로 2시간을 자고 일어나는 게 저는 능률도 오르고 피곤함도 없어져서 결국 2시간으로 낮잠시간을 정했습니다.

낮에 졸리다면 애초에 잠이 부족한 것일 수도 있습니다. 밤에 수면시간을 늘리거나 수면의 질을 체크하는 것도 좋은 방법입니다.

잠을 8시간 잔다고 가정했을 때 하루 중 깨어 있는 시간은 16시간입니다. 눈 떠 있는 시간 동안 극단적으로 절반을 공부하고 절반을 쉬어도 8시간을 공부하는 셈입니다. 1시간 공부하고 1시간을 쉬어도 채울 수 있고 20분 공부하고 20분을 쉬어도 8시간을 채울 수 있습니다. 말의 요지는 휴식시간에 인색하지 않아도 된다는 것입니다. 뇌도 쉬어야 합니다. 본인에게 맞는 휴식시간을 찾아 쉴 때는 확실히 쉬길 바랍니다.

시험은 벼락치기가 아닙니다

✦

장기 레이스에서 잠을 줄이는 건 좀 강하게 얘기하면 미친 짓이나 다름없습니다. 잠의 중요성에 대해서는 요새 워낙 뉴스 기사도 많고 논문도 많이 나오기 때문에 굳이 여기서 강조하지는 않겠습니다. 올바른 방향성을 갖고 지속 가능한 5~6시간의 순공부시간을 확보해 하루하루 묵묵히 공부한다면 합격할 수 있습니다. 다르게 얘기하면 5~6시간의 순공부시간을 확보만 할 수 있다면 잠을 줄일 필요가 없다는 얘기죠.

하루 24시간 중에서 순공부시간인 6시간과 잠자는 시간인 8시간을 제외하면 남는 시간은 10시간입니다. 앞에서 언급했듯이, 30분 공부하고 30분 쉬어도 4시간이나 남습니다. 잠은 개인의 상황에 맞게 양껏, 잘 자길 바랍니다. 물론 시험 직전에 급박한 마음에 잠을 줄이는 것까지는 말리고 싶지 않지만, 어쨌든 지속 가능한 순공부시간의 확보를 위해 잠의 질과 양을 신경 써 줘야 합니다.

저는 굳이 취침시간과 기상시간을 정하지 않았습니다. 보통 오후 10~11시에 잤습니다. 눈이 떠졌을 때 피곤하면 그냥 잤고 괜찮다 싶으면 일어났습니다. 매일 7~8시간은 잠을 잤습니다. 거기다 점심 식

사 후 2시간씩 잤으니 하루에 거의 9~10시간은 잤습니다만 6시간의
순공부시간을 확보하는 데 부족함은 없었습니다.

> ✅ **Key Point**
>
> 공부는 장기적인 과정이므로 충분한 수면과 적절한 휴식이 필수입니다. 남는 시
> 간과 자투리시간을 효율적으로 활용해 순공부시간을 확보하는 것이 중요합니다.

PART 4

슬럼프

: 누구에게나 오는 시련

1

슬럼프가 오는
이유는 뭘까

시험을 준비하는 과정에서 슬럼프는 누구에게나 찾아옵니다. 불안감, 성적 부진, 외부 자극, 혹은 과도한 학습으로 인한 번아웃까지. 다양한 이유로 인해 공부에 집중하기 어려운 순간들이 생깁니다. 슬럼프를 극복하려면 우선 나를 괴롭히는 원인이 무엇인지 객관적으로 파악해야 합니다.

불안한 나머지 집중이 안 될 때

우리가 불안한 이유는 시험에 합격하지 못할 것 같아서 그리고 시험에 합격

<u>하기에는 내 공부량이 부족해서입니다.</u> 이런 경우 불안함을 해소하는 가장 좋은 방법은 공부밖에 없습니다.

가끔 매체에서 슬럼프를 해소하기 위해 오히려 공부를 더 한다는 분들을 보셨을 텐데 저도 시험에 합격하지 못할 것 같은 불안감들이 엄습한다면 휴식보다는 공부에 집중하는 방법을 택했습니다. 너무 진부하고 뻔한 해결책인 것 같지만 이 경우는 공부를 더 해서 합격에 가까워지는 것 이외에는 해결법이 없습니다.(공부에 집중한다는 것은 기존의 순공부시간을 늘리는 것이 아니라 집중력과 방향성을 올리는 방향으로 슬럼프를 극복했습니다)

반대로 지금 내 상황이 시험에 합격하기에 충분하다는 생각이 드는 경우, 예를 들면 모의고사를 잘 보았다는 등의 구체적인 성과가 있다면 기분이 너무 좋아지고 가끔은 시험 날이 기다려지기까지 합니다.

혹은 공부 이외에 내 현 상황을 객관적으로 파악할 수 있는 행위(예를 들면, 모의고사를 보거나 시간제한을 두고 기출문제를 풀어서 점수를 확인해 보는 행위)나 향후 나의 계획을 점검(나의 순공부시간과 진도를 고려하는 행위) 해 보면서 '이 정도 계획이면 충분히 합격할 수 있겠구나'라는 생각을 통해 슬럼프를 이겨 낼 수 있습니다.

과도하게 공부했을 때

앞에서도 언급했듯이 자신의 순공부시간을 제대로 파악하지 못했거나, 욕심이 앞섰거나, 다급한 마음에 자신의 순공부시간보다 더 공부했다면 언젠가는 부메랑처럼 돌아오는 것이 슬럼프입니다.

자신의 순공부시간을 제대로 파악하지 못했다면 순공부시간을 다시 한번 재설정해 보고, 욕심이 앞섰거나 다급한 마음에 공부를 더 한 경우는 그러한 마음은 합격과 불합격에 큰 영향을 미치지 않는다는 점을 항상 염두에 두셔서 과유불급이지 않도록 해야 합니다.

외부의 소식이 들려올 때

주변의 누구는 대기업에 취업해 돈을 잘 번다고 합니다. 다른 누구는 이미 자리 잡고 결혼한다고 하고, 같이 공부한 스터디원은 올해 시험에 합격했다고 합니다. 내가 준비하고 있는 이 시험은 합격해도 너무 힘들다고 하고, 이 시험은 합격해도 전망이 불투명해서 차라리 다른 시험을 선택하는 게 낫다고 합니다. 나를 볼 때마다 사람들은 '쟤는 합격하겠어?'라고 못 미더운 눈빛으로 바라보는 것 같습니다. 어떤 친구는 나에게 응원해 주지는 못할망정 뭐 하러 그런 시험을 준비하냐면서 핀잔만 주곤 합니다.

시험을 공부하면 우리는 이러한 외부의 자극과 소식을 끊임없이 접하게 되며 그로 인해 나의 정신력(멘탈)과 페이스는 무너지기도 합니다. 이러한 외부의 자극이나 소식에 대한 가장 좋은 대처법은 최대한 외부의 자극이나 소식을 접하지 않는 환경을 만드는 것입니다. 주변과의 접촉을 잠시 중단하거나 인터넷 커뮤니티에 들어가지 않는다거나 나를 진심으로 응원해 주는 친구만 만나거나 하는 등의 대처를 가장 먼저 하는 것입니다.

하지만 다양한 이유로 상황이 여의찮아 100% 외부와 절단할 수 없을 수도 있습니다. 이런 경우에는 우선 수험기간 내내 언제 어디서든 어떻게든 외부의 자극이나 소식이 나를 괴롭힐 수 있다고 미리 마음을 먹어 두는 것이 좋은 대처법이 될 수 있습니다.

외부의 자극과 소식은 내가 어찌할 수 있는 범위가 아닙니다. 어쩔 수 없이 외부의 자극이나 소식이 귀에 들려 나의 기분에 좋지 않은 일을 겪었다면 이런 일이 있을 때마다 내가 어느 정도의 기간이 지나야 회복되거나 기분이 괜찮아지는지 기록해 보는 것도 좋습니다.

저는 보통 사소한 외부의 자극은 2~3일, 조금 큰 자극은 1주일, 정말 큰 자극도 2~3주가 지나면 회복되고 괜찮아졌습니다. 어떤 사극이 나한테 왔을 때 이 정도 기간 후에는 아무것도 아니게 됐던 나의 경험이 기록되어 있기 때문에 기록을 토대로 어차피 이 자극은 왔다가는 일이라고 생각하며 마음을 다잡고 최대한 공부에 집중하려고 노력했습니다.

그리고 "시험에 붙어도 의미 없어", "가성이 떨어진다", "이 직업은 망했어" 등의 자극이 들어온다면 앞에서 말씀드렸듯이 시험에 입문했을 때 했던 치열한 고민과 생각들을 다시 한 번 떠올려 보는 것도 좋습니다.

하지만 궁극적인 해결법은 역시나 합격입니다. 합격한다면 외부의 자극과 소식 따위가 나를 괴롭힐 일은 없습니다. 지금 내가 수험생이기 때문에 문제가 되는 것입니다. 합격 이외에 방법은 없습니다. 우리가 더 공부에 집중해야 하는 이유가 여기에 있습니다.

성적이 잘 나오지 않았을 때

이 경우도 역시 내가 합격에 멀어져 있다고 생각하기 때문에 슬럼프가 오는 경우입니다. 이때는 나와 비슷한 처지에 놓였던 적이 있는 합격자의 합격 수기를 찾아본다거나 앞에서 언급한 다시 한번 향후 계획을 점검해 보면서 계획과 합격에 확신을 가져 보는 방법도 좋습니다.

실제로, 저는 변리사 1차 시험 두 달 전에 모의고사를 봤는데 정말 말도 안 되는 처참하고 심각한 점수를 받아 시험 직전까지 극도의 우울증에 빠졌습니다. 이 우울증은 1차 시험을 보는 날까지 지속되었는데 저는 실제로 한두 달 전 모의고사 성적이 낮았지만 1차 시험에 합격한 합격자들의 수기들을 찾아보며 계속 마음을 다잡고 긍정적으로 생각하려고 노력했습니다.

자주 보는 한 인터뷰 프로그램에서 명문대 학생들을 대상으로 슬럼프가 올 때 어떻게 했냐는 진행자의 질문에 '공부를 더 한다'라는 답변이 상당수 나왔습니다. 그분들도 공부를 더 하는 것이 결국에는 최선의 해결법이라 생각했기에 슬럼프에도 불구하고 공부를 더 하려고 노력하셨을 것입니다.

위와 같이 슬럼프가 오는 경우들을 분류해 분석해 봤는데 **번아웃을 제외하고는 역시나 공부에 집중하는 것이 결국에는 정답**입니다. 슬럼프에 빠졌다면 본인이 어떤 케이스에 해당하는지 생각해 보고 그에 맞는 해결책을 찾아가길 바랍니다.

✔ **Key Point**

슬럼프의 원인에 따라 적절한 대처를 하되, 궁극적으로 불안과 자극을 극복하고 합격에 가까워지기 위한 가장 확실한 방법은 꾸준히 공부에 집중하는 것입니다.

2

슬럼프는
극복할 수 있다

슬럼프는 누구에게나 오지만 제대로 극복하는 사람은 그리 많지 않습니다. 슬럼프에 굴복하게 된다면 우리는 때때로 시험을 포기해 버리기도 하죠. 이런 상황이 오지 않기 위해, 제가 직접 경험한 슬럼프 극복하는 다섯 가지의 특급 비법을 공개합니다.

완벽주의에서 벗어나라

✦

슬럼프를 극복하려면 완벽주의에서 벗어나는 것이 가장 중요합니다. 하루 목표를 완벽히 달성하지 못하더라도 자책하지 말고,

70~80%의 달성만으로도 충분히 성공이라고 여기는 자세를 가져야 합니다. 매일 저녁, 하루 동안 잘한 점을 적어 보며 스스로를 칭찬하고 긍정적인 태도를 유지하는 것도 좋습니다.

비교 대신 나만의 페이스를 유지하라

다른 수험생들과 자신을 비교하는 것은 슬럼프를 유발하는 주요 원인 중 하나입니다. 모의고사 점수나 진도가 느리다고 느껴질 때, 타인의 성과와 비교하며 열등감을 느끼는 것은 오히려 공부 의욕을 떨어뜨릴 수 있습니다. 하지만 시험은 남들과의 경쟁이 아니라 자신과의 싸움이라는 점을 명심해야 합니다. 중요한 것은 다른 사람이 얼마나 공부했는지가 아니라, 내가 지금 합격에 충분한 실력에 도달했는가 입니다.

환경을 바꿔라

공부 장소를 수시로 바꾸는 것은 공부 효율과 집중력을 높이는 효과적인 방법입니다. 한곳에서만 공부하면 익숙해짐에 따라 지루함을 느끼거나 집중력이 떨어질 수 있습니다. 장소를 바꾸면 새로운 환경이 뇌를 자극해 활력을 불어넣고, 권태감을 줄일 수 있습니다. 예를 들어, 집에서 공부하다가 집중력이 떨어지면 가까운 도서관이나 카페, 스터디카페로 이동해 보세요. 정숙한 환경에서 다른 사람들이 공부하는 모습을 보면 자연스럽게 동기부여가 될 수 있습니다. 반대로, 도서관이나 카페에서 공부하다가 피로감을 느낄 때는 조용한 집으로 돌아와 공부를 이어가는 것도 좋습니다.

스터디나 관리형 독서실을 활용하라

스터디나 관리형 독서실을 활용하는 것은 공부 루틴을 유지하고 집중력을 높이는 데 효과적인 방법입니다. 스스로 공부에 동기를 부여하기 어렵거나 시간이 자주 흐트러지는 경우, 이러한 시스템은 규칙적인 공부 환경을 만들어 줍니다. 강제 스터디는 정해진 시간과 장소에서 함께 공부하는 방식으로, 정해진 약속을 지키며 공부해야 한다는 책임감을 부여합니다. 관리형 독서실은 개인의 공부시간을 체계적으로 관리해 주는 공간으로, 공부 외의 활동을 차단할 수 있는 환경을 제공합니다.

스터디나 관리형 독서실의 특징은 개인의 성향에 따라 다르게 작용할 수 있으므로, 그룹 활동을 좋아하는 경우에는 스터디를, 혼자 하는 것을 선호한다면 독서실을 선택하는 것이 좋습니다. 강제 스터디와 관리형 독서실은 특히 동기부여가 어렵거나 공부 습관이 불규칙한 수험생들에게 효과적입니다.

외부 압박을 긍정적인 동기로 전환하라

가족이나 주변의 기대는 수험생에게 큰 부담으로 작용할 수 있습니다. 하지만 이러한 외부 압박을 부정적으로 받아들이기보다는, 이를 긍정적인 동기로 전환하면 공부에 큰 원동력이 될 수 있습니다. 가족이나 주변 사람의 기대는 대부분 결국 수험생이 성공하기를 바라는 마음에서 비롯된 것이니, 이 점을 이해하고 긍정적인 시각으로 바라보려는 노력이 필요합니다.

> ✅ **Key Point**
> 슬럼프에 벗어나기 위해서는 무엇보다 완벽주의를 벗어나는 게 중요합니다. 실수를 해도 된다는 생각과 함께 일단 공부를 시작해 보세요.

3

정신력을
관리하자

긴 수험생활 동안 흔들리지 않고 꾸준히 공부하기 위해서는 정신력을 관리하는 것이 필수적입니다. 불안감, 집중력 저하, 체력 부족 등 수험생이 마주하는 다양한 어려움은 정신력 관리가 얼마나 중요한지를 보여 줍니다. 공부를 방해하는 요소들을 제때 극복하지 못한다면, 아무리 열심히 공부해도 성과를 내기 어렵습니다. 정신력을 관리하는 방법은 사람마다 다르지만, 그 핵심은 자신에게 맞는 방식으로 꾸준히 실천하는 데 있습니다.

스트레칭을 하라

스트레칭은 몸의 긴장을 이완시키고 불안감을 감소시켜 줍니다. 스트레칭의 장점이 많다는 것은 다들 알고 있지만 실천에 옮기기는 참 쉽지 않습니다. 저는 자기 전, 기상 후 딱 두 번은 침대에서 10분 정도 스트레칭하려고 노력했습니다. 유튜브에 자기 전, 기상 후를 중점으로 한 스트레칭 영상은 정말 많습니다. 기상 후에는 비몽사몽 한데, 어떻게든 스트레칭을 따라 하면 어느새 잠에서 깬 저를 발견할 수 있었습니다.

명상(108배)을 하라

✦

저의 변리사 수험생활 중 가장 힘들었던 시기는 1차 시험 직전이었습니다. 퇴사에 대한 후회와 더불어 1차 시험의 엄청난 양에 매몰되어 합격에 대한 불안감이 매우 높았으며 제 아이가 1차 시험 세 달 전에 태어나 환경 또한 아주 힘든 상황이었습니다. 1차 시험 전 극도로 불안한 나날을 보내고 있을 때 이 불안함을 해결하고자 나름대로 발악했습니다.

그 와중에 찾은 방법이 명상과 법륜스님이었습니다. 명상은 새벽에 일어나서 했으며, 유튜브에 법륜스님의 수많은 영상이 있는데 내 상황과 비슷한 사례를 찾아(예를 들어, 불안감, 강박증, 수험생 등) 수시로 반복해서 들었습니다. 영상 속의 법륜스님은 정말 명쾌하게 답을 제공해 주셨고 더 나아가 깨달음 또한 주었습니다. 수험기간에 큰 의지가 되었으며 종교를 떠나 극도로 불안할 때 불안을 다스리는 방법으로써 추천하는 방법입니다.

운동과 산책을 하라

운동과 산책도 불안감을 해소하고 마음을 진정시키는 데 도움이 됩니다. 저는 아침 산책, 식사 전후 자투리 시간에 산책했는데 아이패드로 공부했기 때문에 산책 중에도 아이패드에 정리한 내용들을 읽으며 틈틈이 공부했지만, 공부가 내키지 않은 날에는 법륜스님 영상을 들으며 마음을 다스리려고 노력했습니다.

계획을 점검하라

계획을 다시 점검하는 동시에 더 정교하고 치밀하게 계획을 세움으로써 마음에 안정감을 주는 경우도 있습니다. 앞에서 말씀드렸듯이 모든 불안함은 내가 합격하지 못할 것 같은 마음에서 나오는 것입니다. 시험 날까지의 계획을 통해 합격할 수 있는지 가늠해 보고 이를 통해 미래에 대한 불안감을 어느 정도 해소할 수 있습니다.

충분히 합격할 수 있는 현실적인 계획과 진도가 나온다면 불안감을 덜어 줄 수 있으며 반대로 합격하지 못할 것 같더라도 '1년은 더하자'라는 마음으로 오히려 편하게 생각해 보세요. 이 또한 불안감을 덜어 줄 수 있습니다.

그래도 시험 날까지는 계속 묵묵하게 공부해야 합니다. 시험에 붙을 수도 있을뿐더러, 그 해 합격하지 않더라도 그다음 해에 합격할 가능성을 올릴 수 있기 때문입니다.

환경 변화를 주어라

공부에 환경 변화를 주는 것. 즉, 공부하는 장소를 바꾸는 것도 기분 전환과 동시에 집중력을 일시적으로 높이는 방법입니다. 한 곳에서만 공부하면 지루하고 권태로울 수 있습니다. 제 수험기간에는 코로나가 너무 심각한 상황이었고 집에 태어난 아이도 있었기에 수험기간 대부분을 집에서 공부했지만, 집에서 너무 공부가 되지 않는 경우에는 반나절 정도 학교 도서관이나 주변 여러 스터디카페에 가서 공부하곤 했습니다.

정신력, 운동, 휴식 등… 이 모든 것은 나에게 맞는 순공부시간을 수험기간 내내 유지하기 위한 수단이라 볼 수 있습니다. '유지'에 포커싱을 두고 순공부시간에 영향을 주는 모든 요소를 철저하게 관리해 보세요. 꾸준한 공부만큼 합격에 이르는 정도는 없습니다. 꾸준한 순공부시간 확보와 올바른 방향성이 모든 공부에 있어 핵심적인 키워드입니다.

> ### ✅ Key Point
> 정신력 관리는 꾸준한 순공부시간을 유지하기 위한 핵심 요소로, 스트레칭, 명상, 산책, 계획 점검, 환경 변화 등을 활용해 불안감을 해소하고 수험생활의 안정성을 확보하는 데 집중해야 합니다.

슬럼프 극복법

- 슬럼프는 시험을 보는 모든 사람에게 찾아오는 것이다.
- 나를 괴롭히는 원인이 무엇인지 객관적으로 파악해야 한다.
- 슬럼프를 극복하기 위해서는 무엇보다도 기록이 중요하다.
- 자신에게 맞는 해결법을 찾고, 기록을 하여 슬럼프를 예방하고 극복하자.

부록 1

시험을 준비하는 3단계

시험 전날

❶ 시험 시뮬레이션 : 시험 날에는 기상천외한 일이 벌어진다

시험 며칠 전이나 시험 전날, 공부 이외의 시간에 시험장에서 있을 모든 상황을 망상을 통해 상상해 보고 그 상황에서 나는 어떻게 대처해야 하는지 미리 시뮬레이션해 보는 것을 추천합니다.

예를 들면, 옆 사람이 다리를 심하게 떤다든지, 책상이 내가 생각한 것보다 훨씬 작거나 낮다든지, 갑자기 배탈이 심하게 왔다든지, 다른 응시자와 감독자 간에 다툼이 있다든지 등… 여러 상황에 대해 시뮬레이션을 해 보는 것입니다.

실제로 그런 일이 있어서는 안 되겠지만 이런 시뮬레이션만으로도 불안감을 줄이는 데 효과가 있습니다. 그리고 또 기상천외한 일이 언제 어디서 벌어질지 모릅니다. 시뮬레이션을 해 보고 시험장에 가는 것과 시뮬레이션하지 않고 그 순간을 맞닥뜨리는 것은 정말 천지 차이입니다.

❷ 시험 날의 마인드셋 : 시험 날만큼은 죽을 각오로 비장하게 임하자

시험 전날과 시험 당일 가장 중요한 마인드셋은 '시험 날에 모든 것을 쏟아붓자'라는 생각입니다. 저는 진짜 맹장이 터져 구급차에 실려 가는 극한 상황과 같이 죽는 한이 있더라도 내 모든 에너지를 모두 뽑아내 시험지에 쏟아붓겠다는 마인드로 시험에 임했습니다. 앞에서 제가 평소 수험기간에 공부할 때는 죽지 말고 꾸준히 자기가 할 수 있는 선에서만 공부해야 한다고 말씀드렸지만, 시험 날만큼은 나의 모든 것을 쏟아부어야 합니다.

그 순간만큼은 전쟁터처럼 치열하게 임해야 합니다. 객관식이면 확실히 아는 것이라도 시험이 끝나는 그 순간까지 최대한 많이 보고, 논술형이면 어떻게든 한 자라도 더 쓰겠다는 각오로 시험에 임해야 합니다.

❸ 시험 준비물 : 꼭 필요한 것만 여유 있게 챙기자

시험에 필요한 준비물은 시험 날 헐레벌떡 준비하지 말고, 여유 있게 시험 전날 미리 준비해 놓길 바랍니다. 입을 속옷과 양말, 옷, 외투, 신발까지 정해 놓는 것도 좋습니다. 그리고 시험 날 시험장까지 가는 이동 수단도 미리 정해 놓고 제1 이동 수단이 막혔을 경우의 예비 이동 수단도 마련해 놓길 바랍니다. 아래는 실제로 제가 변리사 1차, 2차 시험에서 준비했던 준비물 리스트입니다. 이 리스트에 더 추가할 만한 것은 웬만하면 없지 않을까 생각합니다.

· 수험표, 신분증, 카드
· 공부할 것
· 마스크, 휴지, 물티슈
· 생수, 초콜릿
· 스톱워치, 건전지, 귀마개, 수정테이프, 시계, 필기구
· 점심 도시락
· 지사제, 기타 응급약

시험 날

❶ 시험 당일의 대비책 : 시험 보다가 중간에 뛰쳐 나가고 싶은 욕구가 샘솟다

정말 말도 안 되는 얘기 같지만, 시험 날을 위해 그렇게 수많은 고생과 시련을 겪고도 정작 시험을 보는 그 당시에는 시험이 너무 어렵거나 중간에 시험을 망쳤다는 직감이 들어서 또는 팔이 너무 아파서 시험을 보는 도중에 중도 포기하고 싶다는 생각이 들기도 합니다.

저도 찰나이기는 했지만 이런 어처구니없는 생각이 실제로 시험 때 들었는데 그 순간에는 저 스스로가 정말 어처구니가 없으면서도 이게 도대체 말이 되는 상황인가 생각했습니다.

하지만 시험 중에 이런 생각이 든 사람들이 의외로 많이 있습니다. 이런 상황이 나에게도 올 수 있다는 것을 시뮬레이션해 보고 앞에서 말씀드렸던 마인드셋대로 그 순간을 꾹 참고 다시 문제에 집중해 내 모든 것을 다 쏟아붓자는 마인드로 끝까지 완주하기를 바랍니다. 변리사 시험 합격자 중 많은 분은 자신이 시험을 망쳤다고 생각했다고 합니다. 하지만 시험은 정말 어떻게 될지 아무도 모릅니다. 끝날 때까지 끝난 것이 아니므로 끝까지 최선을 다해 자신의 모든 것을 쏟아붓고 오기를 바랍니다.

❷ 시험 공부의 마지막 준비 : 최소한의 시험 자료만 들고 가자

시험 날 들고 갈 자료는 내가 평소에 헷갈리고 어려워하던 내용으로만 최소한으로 준비하길 바랍니다. 욕심을 부려 부랴부랴 자료들을 들고 가면 결국 다 못 보고 시험을 보는 경우가 생기며 오히려 시험 직전에 못 본 내용이 있다는 사실에 불안해지곤 합니다. 제대로 공부했다면 시험 날에는 이미 항아리에 있는 물이 넘쳐흐르는 상황입니다. 이미 주사위는 던져졌습니다. 불안을 해소하는 용도로써 공부할 자료를 최소한으로 갖고 가길 바랍니다.

시험 후

❶ 피드백의 중요성 : 시험이 끝난 날에 '이것'을 하자

시험을 한 번에 붙으면 좋겠지만 대부분의 경우 최소 두 번 이상의 시험을 보게 됩니다. 시험을 응시한 '직후' 반드시 해야 할 것은 시험에 대한 피드백과 고찰입니다. 피드백과 고찰을 통해 그동안 나의 방향이 올바른지 점검할 수 있고, 또한 공부 외적으로 시험 날 보완해야 하거나 취약한 점 등을 복기함으로써 다음 시험에 큰 도움이 될 수 있습니다.

시험을 치른 느낌은 반드시 시험 날 당일에 기록해야 합니다. 다음 시험 직전에 이 기록을 한 번 보고 들어간다면 정말 큰 도움이 될 것입니다. 나의 기분, 긴장의 정도, 체감 난이도, 시험지를 봤을 때의 느낌, 시험장의 분위기, 부족하거나 보완해야 할 점 (시간 조절 실패, 실수, 논술형이라면 분량 조절 실패) 등을 생각만 하는 것이 아닌 반드시 '기록'을 해야 합니다.

생각만 하면 반드시 잊혀집니다. 그리고 사실 시험에 온 힘을 다 쏟고 오기 때문에 시험 날 당일에는 지쳐서 딱히 할 수 있는 것도 없습니다. 10분만 시험의 느낌을 복기하고 회상해 보면서 온갖 떠오르는 생각들을 양식 없이 자유롭게 양껏 적어 보길 바랍니다. 그 후 쉬면서 지난 수험기간의 기존 방향성을 점검해 보고, 향후 계획에도 수정해야 할 부분이 있으면 수정하기를 바랍니다.

저는 아래와 같이 시험이 끝난 직후에 시험에 대한 느낌을 기록했습니다. 이때는 시험 직후에 적은 것이므로 나중에 시험을 다시 볼 때 이 내용을 읽어 보면, 시험을 봤을 때의 느낌이 떠오르면서 마인드 컨트롤에도 큰 도움이 됩니다.

주의해야 할 점은 시험 경향이 어느 해에 바뀌었다고 해서 공부의 방향성을 바로 그 시험 경향으로 선회하거나 틀어버리면 안 된다는 것입니다. 그 해에만 출제자의 성향에 따라 시험의 경향이나 유형이 바뀌었을 수도 있으며 올해 출제된 경향이 내년에도 출제된다는 법도 없습니다. 시험 성향이 특이한 해가 나왔다면 나쁜 소식이지만 고려해야 할 경향과 유형이 하나 더 추가됐다고 생각해야 합니다. 종래의 전체적인 시험 경향성의 틀은 갖고 가면서 여기에 확장하는 개념으로 최근 기출문제의 경향과 유형 또한 파악하고 대비하길 바랍니다.

피드백 기록 예시

부정적 피드백
- 1년을 더 해도 이 분야 점수는 오를 것 같지 않다.
- 빠른 시간 안에 문제를 읽고 모든 논점을 파악하는 연습이 필요하다.
- 공부가 부족해서 점수가 덜 나온 것 같지 않다.
- 시험 10일 전부터 시간이 너무 느리게 흘러갔다.

긍정적 피드백
- 어떻게든 모든 문제가 다 써지기는 한다.
- 2교시에 점심 먹고 휴식을 잘 취해서 시험에 집중을 잘 할 수 있었다.
- 민사소송 분야는 내년에 실력이 확실히 오를 듯하다.
- 시험 내내 집중이 잘 됐다. 잡념 따위는 없었다.
- 시험 2~3일 전에도 평소랑 공부시간이 똑같았다. 페이스를 잘 유지했다.

시험 합격으로 다가서는 Q&A

Q. 수험기간에 인간관계를 어떻게 유지해야 할까요?

A. 수험기간이 지속되면 인간관계에 대한 고민이 생기기 마련입니다. 인간관계를 끊어야 할지, 사회와 단절되어 살아야 할지 등의 고민이 생기죠. 인간관계는 각자 처해 있는 상황, 친구들의 성향, 친구들과의 친밀도, 자신의 성향 등… 수많은 요소가 있기 때문에 정해진 정답은 없습니다.

저 같은 경우는 인간관계를 지속하는 것이 내 수험생활에 방해가 된다고 생각해 수험생활 초반에 SNS는 물론 연락처도 지우고 번호까지 바꿨지만, 이것이 나 자신을 구석으로 몰아붙인 결과가 되어 오히려 강박증이 생겼습니다.

정해진 정답은 없지만 확실한 것은 수험기간만큼은 오로지 자신의 목적을 달성하기 위해 이기적으로 행동해야 한다는 것입니다. 수험생활에 방해되는 것은 쳐낼 수 있다면 쳐내는 것이 좋습니다. 인간관계에서도 이는 마찬가지이며 조금 이기적으로 행동한다고 하더라도 진짜 내 사람들은 수험생이라는 이유만으로도 여러분을 충분히 이해해 줄 것으로 생각합니다.

Q. 수험기간에 연애를 해도 괜찮을까요?

A. 연애도 인간관계와 비슷합니다. 연애에서도 자신의 성향과 상대방의 성향, 교제한 기간, 각자 놓인 상황, 서로의 신뢰의 정도 등… 많은 요소가 있기 때문에 정해진 정답은 없습니다.

연애 중이라면 굳이 헤어질 필요는 없고, 연애하고 있지 않다면 합격할 때까지 연애하지 않는 것이 좋다고 생각합니다. 수험생활에 큰 변화를 주는 것은 좋지 않기 때문입니다. 특히 외롭다는 이유로 연애하고 싶어 하는 수험생이 많은데 수험생은 외로움(우울함)과 친해져야 합니다. 수험생활에서 외로움(우울함)은 디폴트(Default)라고 생각하는 것이 좋습니다.

Q. 수험기간에 우울해지면 어떻게 해야 하나요?

A. 정신력이 좋다고 생각한 사람도 끝이 보이지 않고 불투명한 수험생활을 길게 지속한다면 우울하고 외로워지기 마련입니다. 자신이 밝고 긍정적이라고 생각해 온 사람도 시험판에 들어가면 우울증을 겪는 경우를 많이 봤습니다.

수험생활에서 우울함과 외로움은 이겨 내야 하는 대상으로 받아들이기보다는 친구처럼 받아들이는 것이 더 편합니다. 우울함과 외로움을 이겨 내는 해결책은 합격밖에 없습니다. 우울함과 외로움을 떨쳐 내기 위한 어떠한 행위도 합격 전에는 궁극적인 해결책이 될 수 없습니다.

우울함과 외로움은 그냥 합격 전까지 달고 사는 것이라고 받아들이고 그 기분에 익숙해지길 바랍니다. 합격한다면 수험기간의 어둡고 우울한 자신은 온데간데없고 다시 본래의 자기 모습으로 돌아갑니다.

Q. 시험 공부를 하다 강박증이 왔어요. 어떻게 해야 할까요?

A. 저는 수험기간 내내 강박증, 구체적으로는 강박'사고'에 시달렸습니다. 강박증은 내가 원치 않는 생각을 끊임없이 하게 되는 증상을 의미합니다. 부정적인 생각, 극단적인 생각, 기분이 불쾌했던 과거의 어떤 순간들이 수험기간에 계속해서 내 머릿속을 비집고 들어오는 것입니다. 커뮤니티 등의 인터넷 글들을 보니 정도의 차이는 있겠지만 기본적으로 많은 분이 이런 강박사고를 공부하면서 겪는 것 같습니다.

강박증은 불안에서부터 오는 증상으로서 거의 항상 우울함이 동반됩니다. 제가 정신과 의사는 아니지만 강박증으로 고생했던 제 수험생활을 비추어 말씀드리자면, 사람들에게 코끼리를 생각하지 말라고 하면 사람들은 오히려 코끼리를 떠올리게 됩니다. 이와 마찬가지로 어떤 생각이 들 때 이 생각을 하지 말자 하는 생각은 오히려 강박증 회로를 강화합니다.

가장 좋은 해결책은 생각의 회로를 끊고 다른 생각(공부)을 하는 것입니다. 다행히도 사람은 두 가지 생각을 동시에 하지 못합니다. 어떤 생각이 내 머릿속을 비집고 들어온다 싶으면 생각이 들어옴을 자각하고 바로 다른 생각을 해야 합니다. 즉, 내가 하는 공부에 다시 집중하는 것이 가장 좋습니다. 어떤 불쾌한 생각이 내 머릿속에 들어온다면 기차와 같이 잠시 왔다 간다는 생각으로 불쾌한 생각을 흘려보내고 다시 내가 하는 일에 집중하는 것도 좋은 방법입니다.

Q. 모의고사 성적이 너무 낮으면 어떻게 해야 하나요?

A. 모의고사는 현재의 실력을 점검하고, 부족한 부분을 확인하기 위한 과정일 뿐 최종 결과가 아닙니다. 성적이 낮아도 좌절하지 말고 이를 기회로 삼으세요.

특정 과목이나 유형에서 약점을 발견했다면 이를 보완하기 위한 전략을 세워야 합니다. 또한 모의고사의 목표는 점수보다는 실전 경험을 쌓는 데 있다는 점을 기억하세요. 실제 시험에서는 모의고사와 다른 결과를 낼 수 있습니다. 중요한 것은 시험 날까지 포기하지 않고 끝까지 집중력을 유지하는 것입니다.

Q. 시험 직전에 불안감을 어떻게 해소할 수 있나요?

A. 시험 직전의 불안은 자연스러운 감정입니다. 불안함을 해소하려고 하지 말고 당연한 것이라고 받아들이는 것이 오히려 마음을 편하게 만들어 줍니다.
지금까지 노력한 시간을 되짚으며 스스로를 격려하세요. 또한 시험 직전에는 새로운 내용을 공부하기보다는 복습과 정리에 집중하는 것이 좋습니다. 너무 많은 것을 시도하려다 오히려 불안감이 커질 수 있습니다.

Q. 특정 과목이 유독 어려운데, 어떻게 접근해야 하나요?

A. 특정 과목이 어렵게 느껴질 때는 그 과목에 대한 거부감이나 두려움부터 극복해야 합니다. 우선 기본 개념부터 차근차근 정리하고, 쉬운 문제부터 접근하며 자신감을 쌓는 것이 좋습니다. 처음에는 문제를 많이 풀기보다는 어려움을 느끼는 부분의 개념을 명확히 이해하는 데 시간을 투자하세요. 또한 강의 등을 활용해 부족한 부분을 보완하는 것도 고려해 보길 바랍니다.

Q. 시험을 계속 실패하면 어떻게 동기를 유지할 수 있을까요?

A. 반복된 실패는 누구에게나 큰 부담으로 다가오지만, 이는 더 큰 성공으로 가는 과정일 수 있습니다. 실패한 이유를 냉정하게 분석하고, 이를 보완할 구체적인 계획을 세우세요. 또한, 합격 수기 등을 찾아 읽으며 자신에게 동기를 부여하세요. 중요한 것

은 실패에 주저앉지 않고 끝까지 도전하는 태도입니다. 나는 합격할 수 있다라는 마음으로 다시금 나아가 봅시다. 할 수 있습니다.

묵묵한 한 걸음이
합격을 만들어 냅니다

올바른 '방향성'을 가지면서 합격에 충분한 '순공부시간'을 확보해 수험기간 내내 한 걸음 한 걸음 묵묵하게 나아간다면 어떤 시험이든 합격에 이를 수 있습니다. 책에서 특히 당부드린 내용을 숙지하시고 수험기간 틈틈이 상기시킨다면 합격에 큰 도움이 될 것이라 확신합니다.

공부는 종합 예술과 같습니다. 수많은 요소가 작용하고 수많은 요소의 조합으로 인해 성적이 나오는 것입니다. 공부를 잘하고 싶으신 분, 공부 때문에 힘드신 분들을 위해 책을 집필했습니다.

이 책을 읽어 주신 모든 분께 진심으로 감사드립니다. 건승을 진심으로 빕니다.

감정 기록

① 글 형식으로 기록

날짜와 상황

*
_____

*
_____

감정 상태

*
_____

*
_____

슬럼프의 원인

*
_____

*
_____

극복을 위해 한 일

*
_____

*
_____

결과와 교훈

*
_____

*
_____

② 표 형식으로 기록

날짜	감정 상태	원인	극복하고자 한 일	결과와 교훈

미친 효율로 합격하는 최고의 공부 전략법

펴낸날   초판 1쇄 2024년 12월 30일

지은이   손민규

펴낸이   강진수
편 집   김은숙, 설윤경
디자인   이재원

인 쇄   (주)사피엔스컬쳐

펴낸곳   (주)북스고 **출판등록** 제2024-000055호 2024년 7월 17일
주 소   서울시 대문구 서소문로 27, 2층 214호
전 화   (02) 6403-0042 **팩 스** (02) 6499-1053

ⓒ 손민규 2024

ISBN   979-11-6760-093-6 03190

책 출간을 원하시는 분은 이메일 booksgo@naver.com로 간단한 개요와 취지, 연락처 등을 보내주세요.
Booksgo는 건강하고 행복한 삶을 위한 가치 있는 콘텐츠를 만듭니다.